肌がきれいになる
石けんオフメイク

石けんオフメイク研究会

INTRODUCTION

「これは、石けんで落とせますか？」

　コスメショップでそんな言葉を耳にしたり、ネット上でも見かけるようになりました。日焼け止めやメイクが石けんで落とせるか否か、という意味です。

　コスメ開発者である北島 寿さんが2年前に上梓した『クレンジングをやめたら肌がきれいになった』は、肌が弱くてコスメ選びに苦労している女性たちから大きな支持を得ました。説得力がある、わかりやすい、載っているメイクを試したい……という声が広がり、実践した方たちからは「肌の乾燥が止まった」「お手入れがシンプルで楽」「肌がきれいになって気持ちも明るくなった」という歓喜の声が。「石けんオフメイク」には、女性たちの肌も心も前向きにしてくれる力があるのです。

クレンジングをやめたら肌がきれいになった

北島 寿・著
（2017年9月初版発行）

女優の安達祐実がモデルを務めた。発売後2年経っても、ナチュラル志向の女性たちのバイブルであり続けている。

『クレンジングをやめたら肌がきれいになった』をきっかけに、「石けんオフメイク」はひとつの美容ジャンルを作りつつあります。そして、当初は肌が弱い方だけの興味の対象だったのが、今ではナチュラル志向の方、シンプルに暮らしたい方など幅広い層に支持されるようになり、コスメのバリエーションも驚くほど豊かになりました。

　一方で、どのコスメが石けんオフできるかわからない、くずれやすい気がする、石けんオフコスメなのになぜか落ちない……といった、戸惑いの声も。それは、ファンが広がったという証でもあります。そこで、雑誌の美容記事などに携わるさまざまな立場のメンバーたちが「石けんオフメイク研究会」を結成し、本書を作りました。「石けんオフメイク」の実践編・完全版です。

@sekken_official

Instagram の「石けんオフメイク研究会」公式アカウントも立ち上げ、さまざまな情報を発信中。本書の制作中はお悩みを募る場としても活用。

IMPRESSION OF
YUMI ADACHI

　本書でモデルを務めている女優の安達祐実は、「石けんオフメイク」の実践者であり、「石けんオフメイク研究会」の会員1号でもあります。撮影現場ではさまざまなコスメをまとう彼女が、セルフメイクのときやオフの日に「石けんオフメイク」を選ぶ理由とは？
　「以前は美容に無頓着でしたが、初めて書籍のモデルを務めた2017年をきっかけに、いつも安定した美肌でいたいと思うようになりました。『石けんオフメイク』は肌が呼吸できる軽さが心地よく、今はコスメの種類も豊富で積極的にメイクを楽しめます。なるべく顔を洗う負担を減らす努力を続けていたら、肌が乾燥しにくくなり透明感も出てきた気がします。いくつになっても肌は変わるんだ！　と実感中です」

石けんオフ
メイク研究会
会員 No.

1

安達祐実

あだち・ゆみ／1981 年、東京都出身。女優。
2 歳でモデルデビューし、子役時代から現在ま
で女優として活動を続ける。その美しさが注目
を集め、ビューティモデルとしても活躍中。

7

CONTENTS

＊掲載の情報は 2019 年 9 月現在のもので、
　商品の価格やパッケージなどは変わる可能性があります。
＊商品の価格は税抜き表示です。
＊本文中の「エイジングケア」とは、
　年齢に応じたお手入れのことです。
＊本文中の「美白」とは、メラニンの生成を抑え、
　シミ・そばかすを防ぐお手入れのことです。

1

その肌トラブル、
『クレンジング』の
せいかもしれません

そもそもどうして「石けんオフメイク」が支持されるのでしょうか？　答えは、クレンジングをやめることで肌がきれいになった方が多いからです。あなたもクレンジングによって、気づかないうちに美肌から遠ざかっているかもしれません。「石けんオフメイク研究会」の名誉会員である北島 寿さんの理論から、その理由をまとめます。

石けんオフ メイク研究会 名誉会員	北 島 　寿

きたじま・ことぶき／ 1971 年生まれ。ミネラルコスメブランド「MiMC」開発者兼代表取締役。東北大学大学院理学研究科博士課程前期修了の科学者でもある。

1

意外と知られていない クレンジングの 肌への悪影響

メイクをしたら、夜には落として素肌に戻る。1日を過ごした肌には、分泌した皮脂や汚れ、ホコリなどが混ざったメイクが付着していて、それをクレンジングですっきり落とすと〝肌にいいこと〟をしているような気分になります。クレンジング料で毛穴の奥の汚れまでとれるというようなイメージもあり、長時間マッサージしている方もいるようです。

でも、毎日無頓着にクレンジングをし続けることは、さまざまな肌のトラブルを招く原因になります。

なぜなら、クレンジング料に入っているメイクを落とすための成分が、美肌の最大のカギである〝バリア機能〟を壊す原因となるからです。

肌は外界から体内を守るための境界線であり、その最も表面の部分を「角層」といいます。角層には角層細胞が並んでいて、その隙間を「細胞間脂質」という潤いのモトが埋めています。

クレンジング料に配合されている、メイクを落とす成分「界面活性剤」は、油を水になじませて落とす洗浄料です。細胞間脂質はその名の通り脂性の物質であるため、界面活性剤によって洗い流されやすいのです。それによって肌のバリア機能が乱れ、肌の潤いが流出しやすくなったり、外からの刺激が入りやすい敏感な肌になったりします。すると、肌荒れやニキビなどさまざまな肌トラブルが発生します。

一般的なメイク製品には、もちや仕上がりをよくするために、合成の油性ポリマー、シリコーン、ワックスといった、油性の化学成分が配合されています。これらを落とすには、油で溶かすオイルや、界面活性剤の力が必要になります。クレンジング料に油分が入っていれば、すすぎ落とすためにさらなる界面活性剤が必要になります。逆にノンオイルのクレンジング料は界面活性剤のみに頼るので、それはそれで強力な界面活性剤を使う必要があったり、配合量も増えてしまいます。

クレンジングが肌によくない理由

健康な肌は……

肌の最も表面にある「角層」には、肌を外的刺激から守るための細胞（角層細胞）が並び、その隙間を「細胞間脂質」という潤い成分が埋めています。この構造が密である肌はバリア機能が高く、潤いをしっかり保つことができて、外的刺激の影響も受けにくい状態。健康で美しい肌をキープできます。

間違ったクレンジングを
繰り返すと……

クレンジングに配合されている「界面活性剤」とは、油を水になじませる性質をもつもの。肌に密着している油性のメイクを浮かせてすすぎ落とすことができますが、同時に、角層の細胞間脂質も洗い流してしまいます。すると肌のバリア機能が乱れ、肌荒れやニキビ、炎症などのトラブルが発生します。

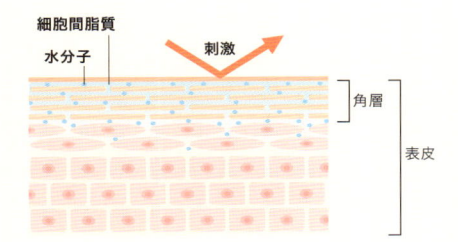

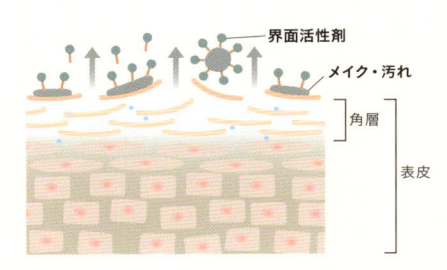

[×] メイクしたらクレンジングが必要なのは、こんな成分が入っているからです

ポリマー
（合成・主に油溶性）

シリコーン
（合成）

落ちにくい皮膜を作りツヤ・ハリを演出

ポリマーとは固有の成分名ではありません。「モノマー」（単量体）と呼ばれる、物体の基本単位がたくさんつながったものを「ポリマー」（重合体）と呼びます。ここで指している合成の油溶性ポリマーとは、油性の化学成分がたくさんつながったもの。肌にぴたっと密着する働きがあり、水分を抱え込むのできれいなツヤとハリを演出できる分、肌の上に膜を作って簡単には落ちません。

全成分表記の記載名は…
ポリウレタン-11、ハイドロゲンジメチコン、カルボマー、メタクリル酸メチルクロスポリマー、（エチレン／プロピレン）コポリマー、アクリレーツコポリマー

水にも油にもなじみにくく、もちを良くする

シリコン（ケイ素という金属）にメチルアルコールなどを結合させた化合物。熱に強く安定性も高いので、さまざまな日用品に使われています。メイクコスメに配合されるシリコーンは、さらさら、つるつるとした感触で、汗にも皮脂にもなじみにくいので、もちを良くしたり、顔料（色素）の色ぐすみを防ぐために使われます。毛穴や凹凸を埋める素材としても、多く使われています。

全成分表記の記載名は…
ジメチコン、メチコン、シクロメチコン、シクロペンタシロキサン、PEG-10 ジメチコン、ジフェニルシロキシフェニルトリメチコン、パーフルオロアルキル(C4-14) エトキシジメチコン、トリフルオロアルキルジメチルトリメチルシロキシケイ酸、ラウリル PEG-9 ポリジメチルシロキシエチルジメチコン

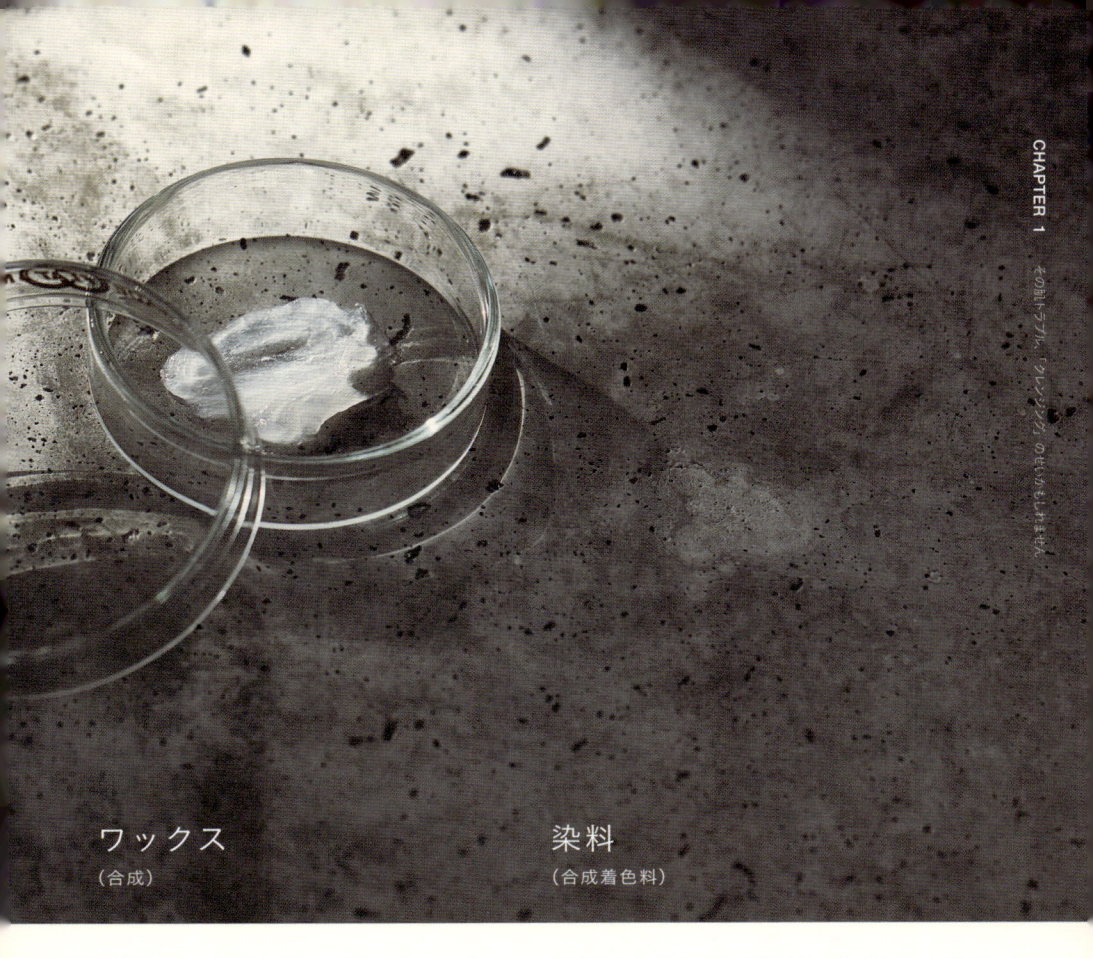

ワックス
（合成）

染料
（合成着色料）

口紅や固形コスメの形状となめらかさを保つ

常温では固形を保つ石油系の合成油分。粘りが強く光沢があり、酸化を防いで安定性を保つので、口紅やスティックカラー、コンシーラーなど固形のアイテムに多く使われています。ミツロウやカルナウバワックスなどの天然ワックスは洗顔で落とすことができますが、合成ワックスにはほぼ親水性がないため、油を水になじませて落とす強い界面活性剤が入ったクレンジング料が必要です。

全成分表記の記載名は…
合成ワックス／セレシン／パラフィン／マイクロクリスタリンワックス　など

肌表面を染めるように色づき、もちをアップ

肌表面の角層を染めるように色づき、時間が経つと容易には落ちなくなる色材。クレンジングしても多少残ってしまう場合もあります。化粧品に使われる色材にはほかに天然色素や無機顔料などがあり、それぞれ洗顔料で落とすことができます。ただし、顔料もシリコーンによく練り込まれて配合されると、肌にぴったり付着して、クレンジングをしないと落とせなくなります。

全成分表記の記載名は…
赤色202号、赤色203号、赤色204号、赤色213号、赤色226号、赤色227号、赤色230号、青色1号、黄色4号、黄色5号、黄色204号、橙色205号　など

石けんオフメイクコスメに
替えてクレンジングを
お休みすれば、肌が元気に

　肌のバリア機能を乱し、乾燥やトラブルの一因となるクレンジング料。その使用をやめるか、できるだけ使用回数を減らすことが、きれいな肌への近道です。「石けんオフメイク」の大きな目的は、ここにあります。

　とはいえ、それは〝いつものメイクを石けんでゴシゴシ洗って落とす〟という意味ではありません（ここが意外と誤解されていることが多いようです）。石けんだけで落とすことができるアイテムでメイクを楽しみ、夜はメイクも汚れも石けんで優しく洗って落とすこと——。これが、正しい「石けんオフメイク」の定義です。

　この〝石けんだけで落とせるアイテム〟とは、油性の合成成分を使わず、天然由来原料で作られたナチュラルコスメやミネラルコスメのことです。

　天然由来の成分で、肌に頑固に密着して落ちないものはほとんどありません。たとえしっかりフルメイクをしていても、ナチュラルコスメやミネラルコスメだけなら、石けんで落とすことができるのです。

　落としやすいということは、反面、密着力が足りずくずれやすそうと思われるかもしれません。鉱石などを砕いた天然由来原料のひとつ・ミネラルには、肌にぴたっと吸いつくように密着する働きがあります。天然のワックスやオイルも、ミネラルなどのつなぎとして使えば、処方によって落ちにくくなります。がっしりとしがみつくように付着する合成ポリマーや合成ワックスには及びませんが、メイクくずれを防ぐことは可能です。

　さらに、ミネラルには多様な種類があり、鮮やかな色から繊細な質感まで、自在にかなえることができます。最近は、天然由来色素だけでもおしゃれなニュアンスカラーをかなえるコスメが増えています。

　肌に優しい「石けんオフメイク」でも、仕上がりを妥協することなく、欲張りに楽しめるのです。

こんなコスメがクレンジング不要。
石けんだけでオフできます

『石けんで落とせる』 **と記載があるもの**	最近は、石けんで落とせることがコスメのひとつの価値となっていて、パッケージやホームページの説明書きに「石けんで落とせます」「洗顔料で落とせます」などと記載があるものが増えています。
『お湯でオフ』 『フィルムタイプ』 **と記載があるもの**	乾くと耐水性のフィルム（自然由来原料ではありません）を形成し、にじみにくくなるマスカラやアイライナー。一定以上の温度のお湯に触れるとフィルムがくずれ、洗浄成分なしで簡単に落とせます。
『ミネラル100%』 『天然由来成分100%』 **と記載があるもの**	たとえ「石けんで落とせる」という表記がなくても、天然由来原料100%のアイテムであれば頑固に付着する成分が入っていないので、ほとんどの場合、石けんだけですっきり落とすことが可能です。

[○] 石けんオフメイクコスメに
使われているのは、こんな成分

ミネラル

カバーカと密着力、多彩な発色が魅力

ミネラルとは、古くから私たちの身の回りにある天然の鉱物のこと。それを砕いてパウダー状にしたものを、メイクアイテムに使用します。肌に土がついたときのようにピタッと密着するのに、石けんでするりと落とすことが可能。ファンデーションのカバー力の源となる他、ミネラルは多彩な色と輝きをもち、カラーメイクにも多く使用されます。紫外線防止効果も。

全成分表記の記載名は…
マイカ／酸化チタン／酸化亜鉛／酸化鉄／カオリン／シリカ／グンジョウ／コンジョウ／ダイヤモンド末／セリサイト など

植物オイル

なめらかなつけ心地と潤い、ツヤを生む

化粧品原料としてのミネラルは、そのままではルースパウダー状。ファンデーションや口紅、チーク、アイシャドウなどを使いやすく固めたり液状にしたりするために、植物オイルや植物ワックス（固形油脂）が使われます。しっとりとなめらかなつけ心地とみずみずしさをキープし、肌にツヤを与える効果も。オイルの種類によって仕上がりのテクスチャーやツヤの出方が異なります。

全成分表記の記載名は…
ヒマシ油／アーモンド油／ヤシ油／ブドウ種子油／バオバブ種子油／アボカド油／オリーブ果実油／アサイマシ果実油／マカデミアナッツ油／ステアリン酸／トコフェロール／キャンデリラロウ／コメヌカロウ など

植物由来エキス

肌をみずみずしく整え、ケアする

ナチュラルコスメやミネラルコスメの多くには、スキンケア効果を目的として、植物から抽出したエキスが使われています。例えばローズマリー葉エキスなら肌を引き締めたり、アロエベラ葉エキスなら保湿したりと、日中もメイクしながら肌をいたわってくれるのです。日中の紫外線ダメージから肌を守るためにも一役買ってくれます。

全成分表記の記載名は…

セルロース／ユーカリエキス／ラベンダーエキス／ローズマリー葉エキス／アロエベラ葉エキス／カミツレ花エキス／カンゾウ根エキス／ハスエキス／アルニカ花エキス／モモ葉エキス など

天然色素

花や野菜、果物などの色鮮やかさを利用

色鮮やかに咲き誇る花や、ビタミンたっぷりの野菜や果物の色。その鮮やかさを余すことなく抽出し、カラーメイクアイテムに使用しています。また、左の「ミネラル」の項にも書いたように、ミネラルの多彩な色と輝きは天然色素として利用されます。とくにミネラルの一種である酸化鉄は、焼きこむことでさまざまな発色に変化させることができ、天然の着色料として活躍します。

全成分表記の記載名は…

酸化鉄／パプリカ色素／スオウ樹皮エキス／ハイビスカス色素／カニナバラ果実油（ローズヒップ）／ヒポファエラムノイデス油／ベニバナ赤／カロチン／クチナシ青／マンガンバイオレット など

合成の水溶性ポリマーについて

合成のポリマーでも、油性ではなく水溶性のものは石けんで落ちるので、一部のナチュラルコスメやミネラルコスメに配合されていることがあります。ただし量が多いと石けんで落ちにくいことも。

3

石けんオフメイクには、美肌になれるメリットがいっぱい

　一般的なくずれにくいメイクは肌にぴたっと密着し、皮脂や汗にも強い安心感があるかもしれません。でも「石けんオフメイク」に替えてみると、驚くほど軽やかで、そのストレスフリーなつけ心地に、また違った魅力を発見できるはず。時間が経てば皮脂と混ざって美しいツヤが生まれたり、たとえくずれてもそのくずれ方がきれいだったり。生きた肌が本来もつ、ヘルシーな魅力を引き立ててくれます。

　さらに、ミネラルファンデーションに含まれるミネラルの一種、酸化亜鉛には、肌を鎮静させたり活性を促すな

どのスキンケア効果があります。他に配合されている植物オイルや植物由来エキスには、肌の潤いを守るなどのスキンケア効果があります。

　クレンジングをしないことで肌のバリア機能を守れることはもちろん、「石けんオフメイク」は、それ自体が肌を優しくいたわり、本来の健康な状態に導く働きをもっているのです。

　なにより、肌が健康になることで、メイクやスキンケアがシンプルで良くなるという好循環がうれしい。肌も心も明るく前向きになる美容習慣、それが「石けんオフメイク」の魅力です。

「すっぴんがいちばん肌にいい」は幻想です

　「メイクは肌に負担をかけるから、すっぴんでいたほうがいい」という考え方があります。30年前だったら一理あったかもしれませんが、今は違います。紫外線や大気汚染物質な

ど、日中の外敵から肌を守るために、日焼け止めやメイクで膜を作っておくのは大切なこと。休日でも日焼け止めやお粉だけはつけたほうが、美肌を守ることができます。

肌が健康になるから、
メイクもスキンケアもラクになる！

落ちにくいメイクを
していると……

日中の肌には、メイクががっちり付着するストレスがかかり、さらに夜にはクレンジングというストレスが。肌のバリア機能が乱れて調子が悪くなり、スキンケアをしっかり、メイクも厚塗りしないと美を保てないことに!?

石けんオフメイクを
していると……

日中は軽く心地いいメイクで肌を外敵からガード。洗顔で多少の潤いは奪われても、シンプルなスキンケアで潤い復活。健康的な美しさを手に入れた肌は、ナチュラルメイクでもきれい。時短で快適な日々が始まります。

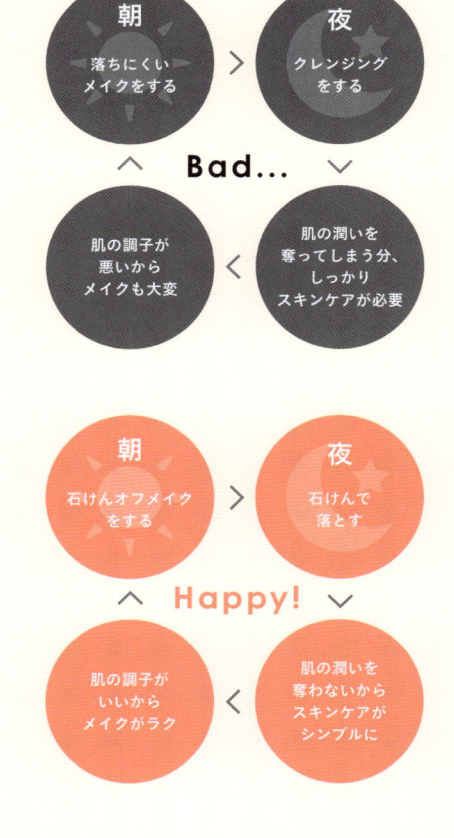

朝　落ちにくいメイクをする ＞ 夜　クレンジングをする

Bad...

肌の調子が悪いからメイクも大変 ＜ 肌の潤いを奪ってしまう分、しっかりスキンケアが必要

朝　石けんオフメイクをする ＞ 夜　石けんで落とす

Happy!

肌の調子がいいからメイクがラク ＜ 肌の潤いを奪わないからスキンケアがシンプルに

1

「ミネラルコスメ」や
「オーガニックコスメ」の意味って？

　ナチュラルコスメ、自然派コスメ、オーガニックコスメ、ミネラルコスメ……。自然派をうたうコスメには、こんな風にたくさんの呼び名があります。それぞれどんな違いがあるのか、肌への効果には何か差があるのか、気になる方も多いと思います。

　実は、そこに明確な答えを出すことはできません。たとえば「オーガニックコスメは有機農法で栽培した植物原料を何％以上使わなければならない」などの公式なルールが、日本にはないからです（海外にはオーガニックコスメ認証機関があります）。本書では、ナチュラルコスメ＝天然由来原料にこだわったコスメ、オーガニックコスメ＝その中でもオーガニック原料を多く使用することにこだわったコスメ、ミネラルコスメ＝ミネラルを原料の主体としたコスメ、と定義し、第3章（P.62〜）のブランド特徴紹介コーナーで使用しています。

　肌や心へ効果や、感触の違いの目安を、右ページにまとめました。

一般的な呼称	どんなコスメ？	具体的には
ナチュラルコスメ **自然派コスメ**	その昔、合成原料を使用した一般的な化粧品に粗悪品もあった時代に、天然由来の原料を使って肌に負担をかけないことをうたって誕生。ナチュラル派の人たちに愛され、広がっている。植物成分を特徴にしているが、その配合比率やこだわり度合いはさまざま。	天然由来原料特有のさっぱりしたつけ心地で、植物の心地いい香り、または無香料のものが多い。保湿アイテムはオイル系の種類が豊富。天然由来の成分は肌に優しいというイメージがあるが、植物エキスの力が強いものもあったり、必ずしもそうとはいい切れない。
オーガニックコスメ	ナチュラルコスメ・自然派コスメの中に属する、ひとつのカテゴリー。有機（オーガニック）栽培の植物から抽出した原料を多く使用している。土壌の栄養価や成分の抽出方法にまでこだわり、その証明として海外のオーガニックコスメ認証を取得するブランドも。	有機栽培の植物エキスは栄養価が高いとされ、その抽出エキスも抗酸化成分など多くの美肌成分を含む。製法や原料を厳格に定めているブランドでは、例えばテクスチャーを濃厚にするのが難しかったり、乳化剤が使えずクリーム剤形が作れないなどの制約も。
ミネラルコスメ	鉱石などを粉砕した「ミネラル」を、化粧品の主原料としているもの。ミネラルには肌をカバーしたりツヤや色を与えたりといったメイク効果があり、ミネラルを上手にブレンドするとさまざまな仕上がり感のコスメを作ることができる。	ミネラルの一種である酸化亜鉛には肌トラブルを鎮静する効果があるが、その他のミネラルは基本的に〝肌に載っているだけ〟なので、敏感な肌にも刺激を与えることなく安心して使える。紫外線を散乱させ、肌をダメージから守る効果も。

2

石けんオフメイクって
こんなに楽しい！

肌に負担をかけない「石けんオフメイク」はひとつのムーヴメントとなり、石けんオフできるメイクコスメもどんどん増えています。ここからは「石けんオフメイク研究会」メンバーであるヘア＆メイクアップアーティストが、たくさんの石けんオフコスメから選んで作った4つのメイクパターンをご紹介。公式 Instagram に届いた実践者の方たちのお悩みにも答えます。

石けんオフ メイク研究会 会員 No.	3	AYA

あや／1978年、東京都生まれ。ヘア＆メイクアップアーティスト。雑誌や広告で重ねてきた経験をもとに、テクニックを指導。LA DONNA 所属。

石けんオフ メイク研究会 会員 No.	4	秋鹿裕子

あいか・ゆうこ／1984年、島根県生まれ。ヘア＆メイクアップアーティスト。石けんオフコスメならではの透明感あふれるメイクを提案。W 所属。

Minimum & Nudy

Sekken-off makeup 1

by AYA

薄メイクでも女らしい。
素顔がきれいに見える
ミニマムメイク

部屋や近所でゆるりと過ごす休日、
すっぴんで気持ちも解放させたいけれど、
鏡に映る自分がきれいだと、
気持ちも上がります。こんなときは
ファンデーションを塗らず、色とツヤで
女性らしい丸みをさりげなく表現する
メイクを。使うアイテムもミニマムです。

色つき
UV下地

Key
item
1

Key
item
2

パープルの
パウダー
アイシャドウ

BASE

ファンデレスでもくすみはカバー。
紫外線から守り、くずれも防ぐ

ファンデーションを塗らない休日メイクで頼りになるのは、色つきの UV 下地。
肌に溶け込み、すっぴんがきれいな人を装いながら、紫外線から肌を守ります。

Key item 1

   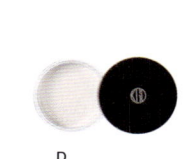

A
色つき
UV 下地

B
リキッド用
スポンジ

C
スティック
コンシーラー

D
ルースパウダー

A 淡いコーラルベージュでくすみをカバーし、植物オイルがツヤをプラス。ミネラル UV ベース SPF28・PA+++ 30mL ¥4000 ／ヴァーチェ　B 下地を肌に密着させ、余分をオフするのに便利。ポンポン 3D パフ ¥950 ／ヴァントルテ　C くまやシミをナチュラルにカバー。植物オイル配合で日中もバサつかない。ミネラルシルクコンシーラー SPF 25・PA++ 3g ¥2300 ／ヴァントルテ　D テカリやくずれを防ぐ、ミネラル配合の仕上げ用パウダー。さらさらとした感触で薄づき。マイファンスィー フェイスパウダー（ハーフサイズ）12g ¥2800 / Koh Gen Do

1
—

色つき UV 下地（**A**）を適量手に取り、指で顔全体にのばす。くすみや色ムラが気になる部分には薄く重ねて。仕上げにパフ（**B**）で顔全体を押さえ密着させる。

2
—

くまや小鼻の赤みなど、気になるところにだけコンシーラー（**C**）を。色ムラがもっとも濃い部分に線を描くようにのせ、スポンジ（**B**）でなじませる。

3
—

ルースパウダー（**D**）を付属のパフにとり、いったんティッシュペーパーの上でもみ込む。顔全体に薄くなじませ、首筋までのばすとさらっと整い、心地いい。

EYE & CHEEK

**暗い色は使わず、パープルの
アイカラーとツヤで立体感を**

薄いメイクは、ともすると顔がぼやけがち。それをほどよく引き締め、女らしさを
プラスしてくれるのがパープルのアイカラー。リップバームとともに、マルチに使います。

Key
item
2

E 抜け感をキープしたまま軽やかに引き締める、カーキのリキッドア
イライナー。UZU アイオープニングライナー カーキ ¥1500 ／ウズ
バイ フローフシ　F ツヤのあるパープルのアイカラー。ブラシ塗り
なら薄づきに、重ねると発色アップ。アリマピュア プレスドアイシャ
ドウ サイレン ¥3300 ／アリエルトレーディング　G 保湿リップバー
ムをマルチに使用。ザ パブリック オーガニック オーガニック認証
精油リップスティック スーパーリラックス ¥555 ／カラーズ

E
カーキの
リキッド
アイライナー

F
**パープルの
パウダー
アイシャドウ**

G
リップバーム

4
—
カーキのリ
キッドアイ
ライナー（**E**）
で、上まつげの際ギ
リギリを埋めるよう
に 細く ラインを描
く。目尻はすっと自
然に終わらせて。

7
—
ブラシをそ
のままフェ
イスライン
へと動かして、輪郭
をシェーディングす
るようになぞる。自
然な引き締め効果が
得られる。

5
—
パープルの
アイシャド
ウ（**F**）を ア
イシャドウブラシに
とり、アイホール
になじませる。マ
スカラは塗らず目
元はこれで完成。

8
—
リップバー
ム（**G**）を繰
り出し、上
まぶた、頬の高い部
分、目頭の間、鼻の
頭、唇の山にちょん
ちょんと触れてツヤ
を足す。

6
—
チークブラ
シにパープ
ルのアイシ
ャドウ（**F**）をとり、
チークとして頬に
ふんわりぼかす。
ミネラルなのでマ
ルチ使用が可能。

29

EYEBROW

眉はやや太めに描いて顔をフレーミング

すっぴん風のミニマムメイクを引き締めてくれるのが、太めの直線的に描いた眉。アイメイクにも使ったリキッドアイライナーやパウダーアイブロウを使って、立体的なふんわり眉に。

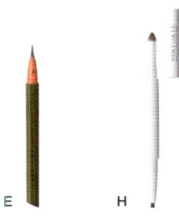   

E
カーキの
リキッド
アイライナー

H
マルチ
アイブロウ
スティック

Eの詳細は、P.29に掲載。**H** チップ式パウダーアイブロウ、ペンシル、スクリューブラシが1本に。ミネラルシルクパウダー＆ペンシルアイブロウ ダークブラウン ¥3200／ヴァントルテ

9
眉を鏡でチェックし、毛の薄い部分にリキッドアイライナーで数本描き足す。カーキなので自然になじむ。

10
アイブロウパウダー（**H**）を付属のチップにとり、眉全体にのせる。眉頭と眉山の下側を太く足すと直線的に。

11
付属のスクリューブラシ（**H**）で眉頭から眉尻に向けて軽くとかし、描いたラインやパウダーをぼかす。

LIP

イエローのミネラルグロスでくすみを飛ばして血色プラス

唇にはグロスでみずみずしい潤い感を。すっぴん風のときにおすすめしたいのが、イエローのグロス。素の唇に透明感と血色感をプラスしてくれます。リップライナーを仕込めば立体感も。

I
ローズピンクの
リップライナー

J
イエローの
リップグロス

I するすると軽やかに描ける、セミマットな質感のリップライナー。ミネラルリップライナー 04 ¥2800／MiMC **J** ミネラルで色づけた、透明感のあるイエローの美容液グロス。レモングラスの香りが爽やか。オンリーミネラル ミネラルカラーセラム S01 ¥2500／ヤーマン

12
リップライナー（**I**）で唇の輪郭をとる。ラインが浮かないようやや内側にぼかし込むようにすると、血色感も。

13
イエローのリップグロス（**J**）を付属のチップにとり、唇全体を塗りつぶす。中央に足すとふっくら感が。

こんな色つきUV下地もおすすめです

素肌を覆い隠すことなく、ほんのりした色でくすみをカバーしてくれる
下地。ノンケミカルできちんとUVカット効果を発揮して
くれるものを選べば、ファンデーションなしでも肌を守れます。

くすみを払拭してくれる
ピンクベージュ

みずみずしくのびて、ぴたっとフィット。
しっとりした感触が続く。ミネラルシル
クメイクアップベース SPF28・PA++
30mL ￥2800 ／ヴァントルテ

赤みをカバーしてくれる
イエローベージュ

ミネラルと天然由来成分100％。ヘルシ
ーな印象の肌に。オンリーミネラル ミネ
ラルプラスベース ナチュラル SPF27・
PA+++ 25g ￥2800 ／ヤーマン

バームタイプの
しっとりCCクリーム

アルガンオイルやオリーブオイ
ルに植物エキスをブレンド。自
然にトーンアップ。24 ミネラル
CC バーム SPF35・PA+++ 10g
￥1800 ／ 24h cosme

ノンシリコーンで毛穴を
カバーし、つるん肌に

植物由来のパウダーが毛穴をカ
バー。明るい白下地でハイライト
にも使える。ミネラルイレイザー
バーム SPF20・PA++ レフィル￥
4700、ケース￥1100 ／ MiMC

Red lip

Sekken-off makeup

2

by Yuko Aika

パウダー
ファンデーションと
赤リップで、知的
フェミニンメイク

パウダーファンデーションには
粉っぽくなりやすいという
イメージがありますが、石けんオフ
コスメのものはしっとりきめ細かく
自然なセミマット肌に仕上がります。
赤リップと合わせれば、
フェミニンな中に知性も感じられる
バランスのいいメイクに。

Key item **1** パウダー
ファンデーション

Key item **2** 赤の
リップクレヨン

BASE パウダーファンデーションに ハイライトで立体的をプラス

ミネラルパウダーに植物オイルをブレンドした、みずみずしい石けんオフコスメのパウダーファンデーション。肌に溶け込むようになじみます。ハイライトで頬にツヤを添えて。

A
しっとり
保湿下地

B
**パウダー
ファンデーション**

C
パレット
コンシーラー

D
パウダー
ハイライト

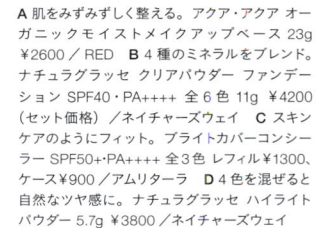

A 肌をみずみずしく整える。アクア・アクア オーガニックモイストメイクアップベース 23g ¥2600 ／ RED　B 4種のミネラルをブレンド。ナチュラグラッセ クリアパウダー ファンデーション SPF40・PA++++ 全6色 11g ¥4200（セット価格）／ネイチャーズウェイ　C スキンケアのようにフィット。ブライトカバーコンシーラー SPF50+・PA++++ 全3色 レフィル¥1300、ケース¥900／アムリターラ　D 4色を混ぜると自然なツヤ感に。ナチュラグラッセ ハイライトパウダー 5.7g ¥3800 ／ネイチャーズウェイ

1
—
下地（**A**）を全顔に塗る。パウダーファンデーション（**B**）を付属のスポンジにとり、頬の内側から外側へ塗る。額、鼻、あごにも塗り、余ったものを細かい部分に。

2
—
くまや小鼻の赤みなど、気になるところにだけコンシーラー（**C**）を。色ムラがもっとも濃い部分に線を描くように塗り、指でそっとなじませる。

3
—
パウダーハイライト（**D**）を付属のブラシにとり、頬の高い部分にひとはけ。高い部分に透明感と立体感が出て、全体の緻密なセミマット感が際立つ。

EYE

まぶたにみずみずしいツヤを。
カラーリップをアイシャドウに

メイクの主役は赤リップなので、目元はカラーレスでツヤを足すだけに。赤みがかった
ツヤになるカラーリップをまぶたに薄くなじませて、みずみずしい印象を作りましょう。

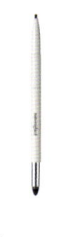

E プラム色の
カラーリップ

F 黒の
ペンシル
アイライナー

G 黒の
リキッド
アイライナー

H 黒マスカラ

E プラム色のカラーリップ。薄くつけるとほんのり赤みがかったツヤに。アクア・アクア オーガニックスイーツリップ 06 ¥1500 ／RED **F** まぶたにしっかり密着し、くずれにくい。ナチュラグラッセ アイライナーペンシル 01 ¥2800 ／ネイチャーズウェイ **G** お湯で落とせる。マイファンシー リクイッド アイライナー 01 ¥2800 ／Koh Gen Do **H** 繊細についてほどよいボリューム感が出るナチュラルタイプ。お湯で落とせる。モテマスカラ NATURAL 2 ¥1800 ／フローフシ

4 プラム色の
カラーリップ（**E**）を指
に薄くとり、アイ
ホールになじませ
る。さらっとする
まで指でよくなじ
ませて。

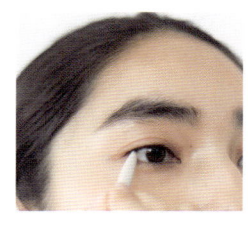

6 5と同じペ
ンシルアイ
ライナーで、
上まつ毛の際全体
にも細くラインを
描く。

5 黒のペンシ
ルアイライ
ナー（**F**）で
下まぶたの目頭側
〜1/2にごく細い
ラインを描く。顔
が引き締まって見
える効果が。

7 上まぶたの
目尻側に、
黒のリキッ
ドアイライナー（**G**）
でラインを3mm描
き足す。黒マスカラ
（**H**）を上まつげ全
体に塗る。

EYEBROW

ペンシルとパウダーで
くずれにくいふんわり眉に

眉はアイブロウペンシルで眉尻など足りない部分を少し埋めてからアイブロウパウダーを全体にのせると、質感の違いでふんわりとした立体感が出ます。眉尻が消えにくくなる効果も。

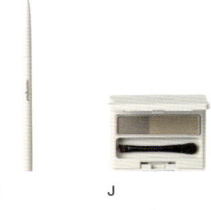

I
アイブロウ
ペンシル

J
アイブロウ
パウダー

赤リップに合うオリーブグレー。I ナチュラグラッセ アイブロウペンシル 01 ¥2800 J 同 アイブロウパウダー 01 ¥3200 ／ともにネイチャーズウェイ

8 アイブロウペンシル（I）で眉の足りない部分を描き足す。しっかり描かず、毛を数本足す程度でOK。

9 アイブロウパウダー（J）を付属のブラシで全体にふわっとのせる。ブラシで眉頭をぼかし込み、立体感を。

CHEEK & LIP

赤リップはミネラルカラーなら
派手にならずトライしやすい

主役は赤リップ。唇全体に使えるリップクレヨンを使い、輪郭を軽くぼかせば顔にしっくりなじみ、赤リップ初心者でも気後れせずつけこなせます。

Key
item
2

K
くすみピンクの
パウダーチーク

L
**赤の
リップクレヨン**

K 引き締め効果もあるカラー。チークパウダー 53 ¥3400 ／クルールキャラメル L 唇全体に使える、柔らかくみずみずしいクレヨン。ツヤを抑えた赤。ミネラルクレヨンルージュ ベロアレッド ¥3000 ／エトヴォス

10 パウダーチーク（K）をチークブラシにとり、頬にふわっと入れた後、顔の側面にも入れて引き締める。

11 赤のリップクレヨン（L）で唇全体を塗りつぶすようにして色づける。仕上げに輪郭を指で少しぼかす。

こんなパウダーファンデーションもおすすめです

ミネラルコスメのパウダーファンデーションは、ミネラルや植物オイルによって肌にしっとり溶け込むようになじむものが多数。肌が乾燥しやすくパウダーファンデーションが使えない……という方にもぴったりです。

ふんわりとほのかな
ツヤが出るタイプ

京都産シルクエキス配合。ミネラルシルクグロウファンデーション SPF50+・PA++++ 全3色 11g レフィル¥3200、ケース¥1000、パフ¥500 ／ヴァントルテ

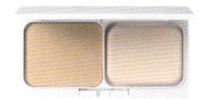

テカリや毛穴が
気になる方におすすめ

毛穴をカバーする効果が高い。タイムレスフォギーミネラルファンデーション SPF50+・PA++++ 全6色 10g レフィル¥3800、ケース¥800 ／エトヴォス

3回挽きの微細な
ミネラルが肌に密着

きめ細かい質感で薄づき。ミネラルフュージョン プレストファンデーション 全6色 9g ¥3800（ケース込み）／インターナショナルコスメティックス

化粧水の後、これ1品で
使えるほどのスキンケア効果

美容液、下地、ファンデーション、パウダー、UVケアの機能を凝縮。ミネラルエッセンスモイスト SPF40・PA+++ 全3色 ¥5800（ケース込み）／MiMC

Sekken-off makeup 3

by AYA

発色がいいのに、すっきり石けんオフ。きちんと美人メイク

「石けんオフコスメだと薄づきなので、濃いメイクができない」という声を、公式 Instagram に多くいただきました。そこで、きちんと見えるテクニック＆アイテムを駆使した、美人度がぐっと高まるメイクをご紹介。ブラウンで陰影をつけるのがコツです。

Brown eye

BASE

ルースファンデーションで
薄づきナチュラル肌に

ベースメイクは、ルースタイプのミネラルファンデーションを使って薄づきに仁上げます。
ポイントメイクをしっかりするとき、肌は薄くナチュラルにしておくとバランスがとれます。

A 薄づきファンデーションの下でしっかり肌を守る。ナチュ
ラグラッセ UV プロテクション ベース SPF50+・PA+++
30mL ¥3200 ／ネイチャーズウェイ　B ブラシでつける
と肌の上でクリーミーな感触になり、溶け込む。マット ファ
ンデーション SPF15・PA+++ 全 12 色 6g ¥4000　C ルー
スファンデーションを粉飛びさせることなく肌になじませる
ブラシ。ビューティフル フィニッシュ ブラシ ¥4200 ／とも
にベアミネラル

A
UV
下地

B
**ルース
ファンデーション**

C
ルースファンデ
ーション用ブラシ

1
ファンデー
ションの前
に UV 下地
（A）を塗り、肌を
守る。両手で包み
込むようになじま
せて、ベタつきの
ない状態に。

4
ブラシを頬
にあて、内
から外へく
るくると動かして
ファンデーション
をなじませる。左
右の頬に塗り、続
けて額にも。

2
ルースファ
ンデーショ
ン（B）を容
器のフタにとる。
直径 2cm 程度の量
が目安。量が多い
と厚ぼったく見え
るので注意して。

5
ブラシに
残ったファ
ンデーショ
ンを、小鼻の周り
や目元、口元など
細かい部分にも
しっかりくるくる
となじませる。

3
ブラシ（C）
をケースの
フタに押し
あて円を描くよう
にして、ファンデ
ーションをブラシ
によく含ませる。

6
最後にブラ
シをフェイ
スラインか
ら首筋へと動かし
て、塗った部分の
境目をぼかす。こ
のひと手間でより
自然な仕上がりに。

EYE & EYEBROW

ブラウンシャドウ&
ネイビーのラインで知的に

アイシャドウはブラウン系の濃淡カラーをチップで重ねると、深みのある目元に。ネイビーのラインをプラスすると知的な涼やかさが出ます。眉はパウダーでふんわりと描きます。

D
**ブラウンの
パレット
アイシャドウ**

E
ネイビーの
リキッド
アイライナー

F
黒マスカラ

G
アイブロウ
パウダー

D ブラウン〜コーラルベージュの濃淡パレット。見たままにきちんと色づく。マイファンスィー ミネラル アイシャドーパレット 01 ¥4700 ／Koh Gen Do　E ネイビーのラインには、白目をきれいに見せる効果も。お湯で落とせる。ヴィセ リシェ カラーインパクト リキッドライナー BL940 ¥1000（編集部調べ）／コーセー　F お湯で落とせる。ミネラルロングラッシュマスカラ ブラック ¥2500／エトヴォス　G しっかり密着して発色もいいので、ペンシルなしでもOK。ナチュラグラッセ アイブロウパウダー 02 ¥3200／ネイチャーズウェイ

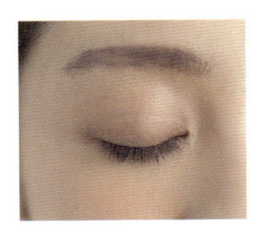

7
—
アイシャドウ（**D**）の右上を上まぶたに、左下をアイホールと下まぶた全体に入れる。右下を二重幅と下まぶたの目尻側1/2に。

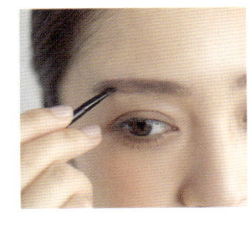

9
—
アイブロウパウダー（**G**）の淡い色を細いブラシにとり、眉全体にのせる。毛が足りない部分は濃い色で埋めるように描き足す。

8
—
リキッドアイライナー（**E**）で上まぶたの目尻側1/2に細くラインを描く。 マスカラ（**F**）を上まつげ全体につける。

10
—
Gの太いブラシに淡い色を少量とり、眉頭から目頭へ向けてぼかし込む。目頭にほんのり陰影がついて、彫りの深い目元に。

CHEEK

**ベージュチーク＆ハイライトで
陰影をつけ、彫りの深い印象に**

チークはベージュ系を選ぶと、ほんのりした血色効果と骨格を際立たせる効果が
同時に得られます。さらにハイライトを高い部分に入れて、立体感と透明感を。

H

ベージュの
パウダーチーク＆ハイライト

ベージュチークと顔を明るく見せるピンクのハイ
ライトがセットに。ミネラルシマリングデュオ モー
ブルビー ＆ テラコッタ ￥4000 ／エトヴォス

11
_
ベージュチーク（**H**
の右）をチークブラ
シにとり、頬に入れ
た後、フェイスライン全体
になじませる。

12
_
ピンクのハイライト
（**H**の左）を付属のブ
ラシにとり、眉間や
鼻先、頬の高い部分に少量
入れて明るさと立体感を。

LIP

**ブラウンのリキッドルージュで
みずみずしさを**

メイク感を出したいとき、リップはブラウンがおすすめ。発色とツヤが同時にかなうリキッド
ルージュなら、みずみずしい雰囲気に。もっとメイク感を出したいときはマットリップでも。

I

ブラウンレッドの
リキッドルージュ

発色とみずみずしさ、もちの良さをかなえた高
機能なリキッドルージュ。マヌカハニー配合。
ミネラルリキッドルージュ 02 ￥3200 ／ MiMC

13
_
リキッドルージュ
（**I**）をチップにとり、
唇全体にたっぷり塗
る。最後に輪郭を描き、指
で軽くぼかして。

こんなパウダーファンデーションもおすすめです

ほとんどのものがミネラル100％であるルースファンデーションは、
軽くつければナチュラルに、重ねづけすればカバー力がアップする
使い勝手のいいアイテム。肌に負担をかけることもありません。

ツヤの出る良質な
ミネラルを厳選ブレンド

しっとりとクリーミィなミネラル
で、乾燥肌でも満足のツヤ感。
オンリーミネラル プレミアムファ
ンデーション SPF40・PA++++
全2色 7g ¥4500 ／ヤーマン

しっとり高密着で
カバー力も高い

ミネラルに保湿成分をブレンド
し、しっとりなめらかなつけ心
地。マットスムースミネラルファ
ンデーション SPF30・PA++ 全
5色 4g ¥3000 ／エトヴォス

美容成分のフラーレン配合。
肌悩みから守る

皮膚科でも扱われているほど安
全性の高いファンデーション。
ミネラルファンデーションF
SPF50+・PA++++ 全5色 6g
¥4200 ／ビューティフルスキン

ミネラルとシルクを
ブレンド。透明感のある肌に

凹凸を埋める米粉を配合。軽い
つけ心地なのにカバー力がある。
ミネラルファンデーション 全
3色 8g ¥3600 ／ニールズヤー
ド レメディーズ

Transparent

Sekken-off makeup

4

by Yuko Aika

ミネラルと
オイルが
叶えるきらめき。
ピュアな
透明感メイク

植物オイルやミネラルの繊細な
ツヤを生かした、石けんオフコスメ
ならではの透明感あふれるメイク。
使用したグリーンのアイシャドウは
ミネラル100％で、まるで
ジュエリーのようにきらめきます。
天然素材の服に合わせたい、
ピュアで繊細なメイクです。

リキッド
ファンデーション

Key
item
1

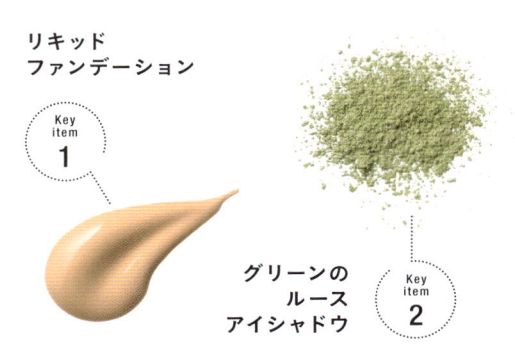

グリーンの
ルース
アイシャドウ

Key
item
2

BASE & CHEEK

**植物オイルたっぷりの
アイテムでツヤ肌に仕上げる**

潤い感のある下地とリキッドファンデーションを重ねて、配合された植物オイルのツヤを
たっぷり感じるみずみずしい肌に。チークもクリームタイプでツヤっぽく仕上げます。

A 淡いコーラル色でくすみを飛ばし、ツヤをプラス。HANA
ORGANIC ウェアルー UV SPF30・PA++ 全2色 30mL ￥4000 ／
えそらフォレスト　**B** 大人でも満足できる、カバー力とナチュラル
感を両立したリキッド。ミネラルリキッドファンデーション SPF23・
PA++ 全2色 30g ￥4200 ／ヴァーチェ　**C** ごくほんのりと色づく
のでクリームチーク初心者にも◎。ダマスクローズチーク［クリー
ミー］SPF40・PA++++ リビングコーラル ￥3300 ／アムリターラ

A
色つき
UV下地

B
**リキッド
ファンデーション**

C
コーラルの
クリームチーク

1

色つき UV 下地（**A**）を適量手にとり、指の腹で
顔全体に薄く塗る。これだけでツヤと透明感が
出るので、ファンデーションは部分使いで OK。

3

クリームチーク（**C**）を指の腹にとる。指で容器
の表面をくるくるとなでるようにすると、体温
で溶けて適量がとれる。

2

リキッドファンデーション（**B**）を少なめに手に
とる。指の腹で頬の面に塗り、あとは小鼻の赤
みやクマなど、色ムラが気になる部分だけに。

4

頬の高い部分にポンポンとのせていく。適度な
血色とツヤ感が出れば OK。発色が足りない場
合は **3 ～ 4** を繰り返して。

EYE

異なる２種のグリーンを重ねて
奥行きのあるきらめきを

繊細なきらめきのミネラルシャドウをベースに、ポイントに強いきらめきのミネラルシャドウを重ねると、キラキラのグリーンでも派手になりません。黒マスカラで軽く引き締めて。

D
グリーンの
ルース
アイシャドウ
（ツヤ）

E
グリーンの
ルース
アイシャドウ
（ラメ）

F
黒マスカラ

D ほんのリツヤのあるグリーン。肌にのせると透けて、ごく繊細に色づく。ミネラルブラッシュ リーフ ¥2500 ／ビューティフルスキン　**E** ミネラルの大粒ラメをブレンドしたグリーン。見た目通りに色づく。ミネラルカラーパウダー 32 ¥1800 ／ MiMC　**F** まつげを繊細にのばす。お湯で落とせる。マイファンスィー ロングラッシュ トリートメント マスカラ 01 ¥3600 ／ Koh Gen Do

5

ツヤのルースアイシャドウ（**D**）を指の腹にとり、上まぶた全体にワイパーのようになじませる。ニュアンス程度の色づきなので広く塗ってOK。

7

上まぶたの目尻側にも、ラメのルースアイシャドウ（**E**）をチップで細くのせる。まばたきのたびに、目頭と目尻がぬれたようにきらめく。

6

ラメのルースアイシャドウ（**E**）をチップで、目頭を囲むようにのせる。大粒のラメは範囲を狭く入れると派手にならず、透明感が出る。

8

黒マスカラ（**F**）を上まつげ全体にしっかり塗る。下まつげは中央にだけさらっと軽くつけると、目が自然に大きく見える。

LIP

**グリーンと相性のいい
コーラルのツヤリップ**

グリーンの目元を引き立ててくれるのは、透明感あふれるコーラルの唇。
クレヨンタイプのカラーで塗りつぶした後リップオイルでツヤを添えると、みずみずしく。

G のびがよく唇全体を塗りつぶせるペンシル。透明感のあるコーラル。ミネラルフュージョン シアーモイスチャーリップティント GLISTEN ¥1300 ／インターナショナルコスメティックス　**H** 潤いとツヤを添えてくれる透明リップオイル。プロの撮影現場でもよく使われる人気のアイテム。ナチュラグラッセ トリートメント リップオイル モア 01 ¥3000 ／ネイチャーズウェイ

G
コーラルの
クレヨンリップ

H
ノーカラーの
リップオイル

9

コーラルのクレヨンリップ（**G**）でリップライン
を描いたあと、唇全体を塗りつぶす。

10

唇全体にリップオイル（**H**）を重ねる。唇中央に
は多めに重ね、上唇の山をほんの少しオーバーぎ
みに塗ると、みずみずしい印象に。

EYEBROW

**自眉を生かして
抜け感を出す**

肌や目元の透明感あふれる雰囲気を生かすために、眉は極力ナチュラルなままで。
自眉が薄い人は P.41 などのアイブロウパウダーでふわっと描き足します。

こんなリキッドファンデーションもおすすめです

みずみずしいツヤ印象の元は、ミネラル＆美容オイルなどで
スキンケアのように潤うリキッドファンデーション。下地を塗った後
部分使いしてもいいし、顔全体に塗ればよりカバー力が高まります。

スキンケア
マスクのように
みずみずしい

良質な植物オイルを配合。ナチュラグラッセ スキントリートメント ファンデーション SPF25・PA+++ 全4色 20mL ¥4000 ／ネイチャーズウェイ

植物由来の
エイジングケア
成分を配合

さらっと軽やかで、カバー力もライト。BBクリーム感覚で使えるみずみずしさ。ロゴナ ファンデーション 全3色 30mL ¥3500 ／ロゴナジャパン

紫外線の
ダメージから
肌を守る

植物由来成分が肌を守る。バーブープーテ スムースナチュラルファンデーション SPF30・PA++ 全1色 25g ¥4600 ／ナチュラルハーティーマーケット

お直しにも
便利な
コンパクト

みずみずしいリキッドをコンパクトに。ミネラルリキッドリーファンデーション SPF22・PA++ 全5色 レフィル¥5500、ケース¥1000 ／MiMC

Sekken-off makeup 5

公式 Instagram
@sekken_official
でお悩みを
募集しました

新しいフォロワーの方から希望をいただきました！これが最後の募集です

石けんオフメイクに関する悩みや質問を募集します

photo by
Sodai Yokoyama

石けんオフメイクの
お悩みに答えます

石けんオフメイクは肌に負担をかけず、

落とすのも簡単。その魅力は大きいものの、仕上がりや

もちに悩みを抱える方も……。でも、実はその悩み、

少しのテクニックで簡単に解決できるんです。

公式 Instagram に届いたたくさんの声に、

ヘア＆メイクアップアーティストの AYA が答えます。

200人
以上の方にご協力
いただきました！

SPECIAL
THANKS!!

BASE ベースメイクの悩み

悩み **1**   「 汗や皮脂でベースメイクがくずれてしまう…… 」

A   フェイスパウダーを丁寧につけてみて

リキッドやエマルジョンファンデーション、BB クリームの仕上げに、フェイスパウダーを細かく丁寧につけると、テカリやくずれを遅らせることができます。目元や小鼻、額の生え際など、汗や皮脂が出やすい部分をパフでしっかり押さえるようにして。

**おすすめ
フェイスパウダー**

さらっとした感触で紫外線をカットするフェイスパウダー。ベージュなので肌なじみが良く、しっかりつけても白浮きしない。アクア・アクア オーガニックフェイスパウダー UV SPF50・PA++++ 全2色 7.5g ¥2600 ／ RED

1
—

フェイスパウダーをパフにとる。いったんティッシュペーパーの上にとり、パフにパウダーをなじませる。

2
—

まずはヨレやすい目元に。パフの中央に人差し指をあて、上まぶたをしっかり押さえる。下まぶたにも。

3
—

続けてくずれやすい小鼻の周りをパフでぽんぽんと押さえるようにして、毛穴の凹凸にパウダーをなじませる。

4
—

汗でぬれやすい髪の生え際もしっかり丁寧に押さえて。この後パフにパウダーを足して顔全体に薄くつける。

BASE

悩み **2** 「シミやくまが隠れません」

__A__ ベースメイクの最後にコンシーラーを使ってカバーを

ファンデーションを厚塗りするのではなく、コンシーラーを部分的に使いましょう。ベースメイクの最後にブラシで塗ると、隠したい部分だけを自然にカバーすることができます。コンシーラーはクリームタイプが一般的ですが、ミネラルパウダータイプもさらっとして使いやすいです。

シ ミ

小さなコンシーラーブラシに少量のコンシーラーをとり、気になる部分にちょんちょんと置くように塗る。

く ま

平筆のコンシーラーブラシに適量のコンシーラーをとり、くまの下側の境目に塗る。広げながら涙袋までぼかす。

ニキビ

コンシーラーブラシに少量のコンシーラーをとり、ニキビを覆うように塗る。境目のみぼかしてなじませる。

おすすめ
クリームコンシーラー

A   B

A くまには中央のオレンジを使うと自然にカバーできる。ミネラルコンシーラーパレット SPF36・PA+++ 3.1g ￥4500 ／エトヴォス **B** カバーカが高くて肌なじみが良く、プロにも愛用者が多い。24 ミネラル UV コンシーラー SPF50+・PA++++ 1.4g×2 ￥3400 ／ 24h cosme

おすすめパウダーコンシーラー

C ビタミンC誘導体配合で、カバーしながら美白ケア。オンリーミネラル 薬用コンシーラーホワイトニングケア［医薬部外品］SPF23・PA++ 1g ￥2000 ／ヤーマン **D** ミネラル＋植物オイルやエキスのしっとりパウダー。使いやすい細筆つき。ミネラルパウダーコンシーラー 0.8g ￥3000 ／ MiMC   **C**   **D**

BASE

悩み **3** 「ファンデーションを塗るとかえって毛穴が目立ちます」

A ファンデーションブラシで密着させて

毛足の短いファンデーションブラシを使い、ベースメイクの仕上げに毛穴が気になる部分をくるくると磨くようにして。ファンデーションが凹凸にしっかりフィットして、毛穴が目立たなくなります。

ブラシの先にファンデーション（形状はなんでも OK）をごく少量とり、毛穴の気になる部分をくるくる磨いて。

おすすめ
ファンデーション
ブラシ

毛にコシがあり、ファンデーションをしっかり密着させることができる。ブラーリング バッファー ブラシ ￥3500 ／ベアミネラル

悩み **4** 「パウダーファンデーションがムラになってしまいます」

A ブラシでつけると簡単＆きれいに仕上がります

パフでなくブラシでつけると、毛先の点で粉をのせるので、ふんわりついてムラづきを防げます。ブラシがついているファンデーションを選ぶか、パウダーブラシを使って。

ブラシにファンデーションをとる。頬、額、鼻、あご、細かい部分の順に、すっすっと軽い力で塗る。

おすすめ
パウダー
ファンデーション
＆ パウダーブラシ

E

E 使いやすいブラシつき。オンリーミネラル 薬用美白ミネラルクリア UV ファンデーション［医薬部外品］SPF50+・PA++++ 全 2 色 10g レフィル ￥3900、ケース ￥900 ／ヤーマン **F** 植物繊維を使用したパウダーブラシ。リンパドレナージュパウダーブラシ 201 ￥8800 ／ MiMC

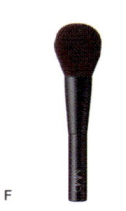

F

悩み 5　「アイシャドウやチークの発色がもの足りない……」

A　クリームカラーを仕込んだり、つける道具を替えてみて

多く寄せられたお声ですが、下のふたつの工夫で発色をぐっと高めることができるので、ぜひトライしてください。クリームカラーを仕込むと色もちもアップします。ただし少し落ちにくくなるので、石けんで落とすときは意識して丁寧に。

テク 1　クリームカラーを仕込む

まずクリームアイシャドウやチークを薄く塗り、さらっとした感触になったらパウダーアイシャドウやチークを重ねます。発色ももちもアップ！

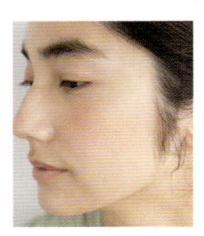

パウダーチークだけ。さらっと軽い色づき。

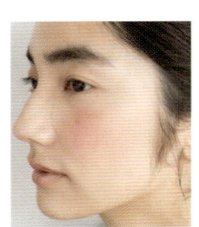

クリームチーク＋パウダーチークで発色 UP ！

おすすめ
クリームカラー

A　　　　　　B　　　C　　D

チークにもリップにも使えるタイプ。A 2色入りでメイクの幅が広がる。バブーボーテ チーク＆リップ エンパイアーローズ＆アマラント ¥4950／ナチュラルハーティーマーケット　B 自然な色づき。m.m.m リップ＋チーク クリームティント 03 ¥3500／コスメキッチン

クリームシャドウは上まぶた全体に薄く仕込んで。C まぶたにツヤと立体感を添えるピンクベージュ。ミネラルアイ バーム ピンクフィズ ¥2500／エトヴォス　D 次につけるアイシャドウの発色がアップするノーカラー。24 ミネラルクリームシャドー 04 ¥1800／24h cosme

テク 2　チップでつける

アイシャドウは指やブラシでつけるとふんわり穏やかな発色ですが、チップで塗るとくっきり色づきます。2〜3回重ねればさらにしっかり発色。

おすすめ
アイシャドウ

大小のチップ 3 つ＋ブラシつきで、発色の調整が自在にできる。ミネラルシルクアイズ パレット サクラブラウン ¥3600／ヴァントルテ

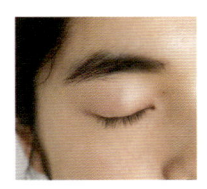

ブラシでのせたアイシャドウ。ふんわりした発色。

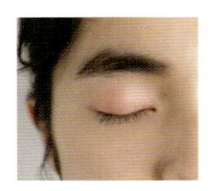

同じ色をチップで重ね塗りするとしっかり発色。

COLOR

悩み **6**　「 アイシャドウがすぐにヨレてしまいます 」

A　チップでパウダーをきっちりのせるとくずれ防止に！

ファンデーションの油分をフェイスパウダーで押さえてサラサラにしておくと、くずれにくくなります。アイシャドウチップで目の際ギリギリまでつけるのがポイントです。

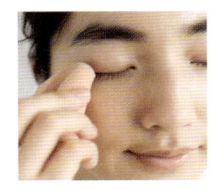   

1　まぶたに塗ったファンデーションはヨレやすいので、まずスポンジで軽くならす。

2　フェイスパウダーをアイシャドウチップにとる。手元でなじませて量を調節する。

3　上まぶたの際からまぶた全体に向けてパウダーをのせる。アイラインのにじみ防止にも。

4　下まぶたの際にものせる。量が多いと目元の小ジワが目立つことも。狭い範囲に薄く。

悩み **7**　「ペンシルアイライナーがにじみやすくて……」

A　アイシャドウを重ねたり、リキッドアイライナーを使って

アイラインを入れた後、パウダーアイシャドウを重ねてフタをするともちが良くなります。落とすときは石けんの泡を指で丁寧になじませて。にじみにくいリキッドアイライナーに替えるのも一案。

アイシャドウの後、ペンシルでアイラインを入れ、仕上げにアイシャドウのダークカラーをチップで細く重ねる。

おすすめリキッドアイライナー

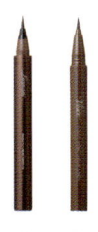

お湯オフリキッドならにじむ心配がない。色はダークブラウンだとペンシル感覚でなじむ。E レアニ プレミアム リキッドアイライナー S ナチュラルブラウン ¥1400／レアナニ　F ヴィセ リシェ カラーインパクト リキッドライナー ¥1000（編集部調べ）／コーセー

E　F

COLOR

「マスカラがにじみやすいのが悩みです」

A
お湯オフタイプの下地で固定するとキープ力アップ！

お湯で落ちるマスカラに替えましょう。涙や皮脂では落ちにくいのでぐんともちが良くなります。それでもにじみやすい場合は、下地をプラスするのがおすすめです。

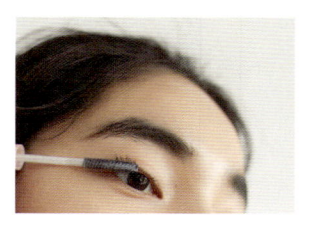

マスカラ下地は、まつげを根元からしっかり持ち上げるように塗る。少し時間をあけて下地が乾いてから、マスカラを塗って。

**おすすめ
お湯オフ
マスカラ下地**

根元からしっかり塗れる細いブラシで使いやすい。乾くと半透明になって目立ちにくい。キャンメイク クイック ラッシュカーラー ER 01 ¥680／井田ラボラトリーズ

**おすすめ
お湯オフマスカラ**

ファイバー入りで繊細な長さが出て、カールもキープ。美容液成分入りでまつげのトリートメント効果も。ヴィセ リシェ ラッシュ ロング マニア ¥1400（編集部調べ）／コーセー

悩み **9**　「 夕方になると眉尻がなくなっています 」

A
リキッドアイライナーで数本毛を描いておくと◎

にじみにくいお湯オフリキッドアイライナーを眉毛に利用するのがおすすめ。眉尻に数本、毛のような線を描いてからアイブロウパウダーやペンシルを重ねて、自然にぼかします。

眉尻の薄い部分にリキッドアイライナーで数本、毛を描く。パウダーやペンシルを重ねながらぼかすと立体感も出る。

COLOR

悩み **10** 「口紅の色もちをよくする方法が知りたいです」

A リップライナーで色を仕込んでおくと長もちします

リップライナーは口紅よりも油分が少なく色素を多く配合していて、色もちがいいのが特徴。唇全体を塗りつぶしてから口紅を重ねます。落とすときは石けんの泡をよくなじませて。

**おすすめ
リップライナー**

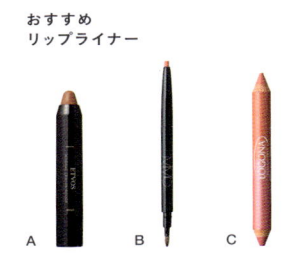

A B C

A ソフトな芯でツヤがあり、これ1本でも使える。ミネラルクレヨンルージュ フィグ ブラウン ¥3000／エトヴォス **B** 唇のくすみをカバーして明るく整えるコーラルレッド。ミネラルリップライナー 02 ¥2800／MiMC **C** 口紅に合わせて使い分けることができるセミマットな2色。リップスティック・ウッド〈デュオ〉07 ¥2600／ロゴナジャパン

悩み **11**

「 アイシャドウのラメが、
石けんで洗っても落ちません 」

A

**落ちないラメには
ポイントメイクリムーバーを
使っても**

石けんオフコスメのラメは多くのものがミネラルの粒で、たとえ残っても問題はありません。でも、気になる場合はポイントメイクリムーバーを取り入れて（P.131）。

悩み **12**

「 石けんオフタイプの
アイライナーなのに、
洗っても落ちません 」

A

**描き方によって
落ちにくくなることも。
美容オイルで拭いてみて**

ペンシルアイライナーでまつげの際をきっちりと隙間なく埋めると、残りやすくなります。洗顔後、美容オイルを含ませた綿棒でそっと拭うと肌に負担をかけずに落とせます。

OTHER その他のお悩み

悩み **13**

A

「 石けんオフできる
アイテムと
できないアイテムは、
どう見分ければいい？」

**天然由来成分100％に
近いものは、石けんオフできる
可能性が高いです**

製品に石けんオフの表示がなくても、天然由来
100％、またはそれに近いものは、たいてい石けん
で落とせます。もちろん本書に掲載のアイテムは、
すべて石けんオフコスメです。

悩み **14**

A

「 石けんオフできる
アイテムのブランドが
知りたい！」

第3章（P.62〜）をぜひご覧ください

P.62〜で、それぞれのブランド紹介の冒頭に「全
製品が石けんオフ」「一部の製品のみクレンジング
必要」「一部の製品のみ石けんオフ」というチェッ
クボックスをつけています。

悩み **15**

A

「 石けんオフメイクに
どんな日焼け止めを
合わせたらいいか、
わかりません 」

**洗顔料で落ちる
日焼け止めを選んで**

ウォータープルーフの日焼け止めをつけてしまう
と、クレンジングしないと落とせなくなります。
石けんや洗顔料で落とせる日焼け止めはたくさん
あり、一部をP.136などでご紹介しています。

OTHER

悩み 16

「 部分的に石けんオフできないものを使う場合、どうやって落とせばいい？」

A

その部分だけポイントメイクリムーバーでオフ

アイメイクやリップメイクなど、その部分だけをポイントメイクリムーバーで落としましょう。コットンに含ませ、洗顔前にそっと拭うように落とします。詳しくは P.131 に。

悩み 17

「 石けんオフメイクは薄く仕上がりがち。しっかりメイクに見せたいです 」

A

発色やもちを高めるテクニックを試してみて

P.54 でご紹介した発色アップテクや P.56 の眉尻長もちテク、P.57 の口紅色もちアップテクなどを取り入れてみて。ナチュラルコスメでもはっきりした顔立ちが作れます。

悩み 18

「石けんオフコスメをフルでそろえたいけれど予算的に続きません……」

A

プチプラアイテムを組み合わせてコスパよく

お湯オフマスカラやアイライナーなど、プチプラでも優れたアイテムはたくさんあります。アイテムの組み合わせ方次第で予算を抑えながらそろえることも可能です。

石けんオフメイク研究会 TALK SESSION

「石けんオフメイク」に替えて
深刻な肌トラブルが解消しました

大塚真里　この本を作るために結成した「石けんオフメイク研究会」ですが、この中でいちばん「石けんオフメイク」歴が長いのは、カメラマンのアシザワさんですね。

アシザワシュウ　もう3年になります。きっかけは、肌にトラブルが発生したこと。以前から美容が大好きで、いいと聞いたものはパックでもクリームでもスチーマーでも、なんでも取り入れていたんです。気づいたら、顔じゅうに吹き出物ができていて。

安達祐実　それは大変でしたね。

アシザワ　皮膚科の薬でなんとか落ち着かせた後、いろいろ調べているうちに、肌を触り過ぎていたのかな、と思い至って。クレンジングが肌に負担をかけることも知り、肌断食と「石けんオフメイク」を始めたら、しばらくし

て肌の調子が戻りました。

AYA　今はツルツルの美肌ですね！

アシザワ　おかげさまでよくなりました（笑）。肌の洗い過ぎも触り過ぎもよくないんだなと教訓を得たので、今はごくシンプルなスキンケアをしていますが、乾燥や肌あれはなくなって。それに、とにかくラクなのがよくて、気に入っています。

コスメのバリエーションが
広がって、メイクが楽しめる！

大塚　安達さんは、2年前からですね。

安達　はい。私の場合仕事でメイクをしていただくことも多いので、毎日というわけにはいかないのですが、オフの日や自分メイクで過ごす日に。肌が呼吸できる感じでホッとしますし、乾燥を気にせず過ごすことができます。今回の撮影でAYAさんに石けんオフメイクをしていただいて、2年前よりコスメのバリエーションがすごく広

> メイクなのに心地いいんです

新しいメイクにトライしたい！

くなっていることに驚きました！　さっそくお店で新しいコスメを開拓しなきゃ。

大塚　安達さんのようなメイク好きにも満足できる、優しさも仕上がりの良さも兼ね備えたアイテムが本当に増えましたね。

AYA　鮮やかな色や繊細なツヤ感のもの、クリームアイシャドウやマルチに使えるアイテムもあったり、メイクのアイデアがいくらでも広がって、楽しかったです。

安達　AYAさん流の「石けんオフメイク」で、新しい自分の顔をたくさん発見できました。教えていただいたメイク、さっそく自分でもトライしたいです。

テクニック次第でもちや発色がアップするところも魅力

大塚　仁村さんは、今回「石けんオフメイク」は初体験でしたが、いかがでしたか？

仁村紗和　以前から気になっていましたが、実際メイクしていただいて、驚きました。スキンケアみたいで心地がいいし、コスメもすごくかわいいですよね。クリームとパウダーの重ね使いで発色を高める（P.54）など、参考になるテクニックをAYAさんにたくさん教えていただきました。

AYA　石けんオフコスメ同士を組み合わせれば、仕上がりがよりよくなったり、くずれを気にせず使えるようになったりします。良質なコスメの良さが相乗効果になるのを楽しんでいただけたらうれしいです。ナチュラルコスメブランド以外でも、お湯でオフできるアイライナーやマスカラを取り入れるとより幅が広がりますよ。

仁村　いろいろ試してみたいです！

大塚　石けんでメイクも一度に落とす快感を知ると、同時に、ダブル洗顔で肌をこすったりして負担をかけていることに気づくと思います。肌トラブルに悩む方はもちろん、もっと美肌になりたい方にも「石けんオフメイク」をおすすめしたいですね。

使い方も工夫してみて

石けんオフ
メイク研究会
会員No.

2

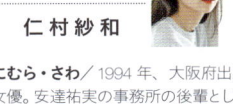

仁村紗和

にむら・さわ／1994年、大阪府出身。女優。安達祐実の事務所の後輩として、その透明感あふれる魅力が注目を集めている。本書ではモデルを務める。

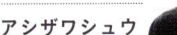

石けんオフ
メイク研究会
会員No.

5

アシザワシュウ

あしざわ・しゅう／1979年、岐阜県出身。カメラマン。女性誌や写真集、広告などで活躍。「石けんオフメイク」歴は3年に及ぶ。本書の撮影を担当。

石けんオフ
メイク研究会
会員No.

6

大塚真里

おおつか・まり／1973年、ニューヨーク出身。エディター。女性誌の美容ページの編集・執筆、美容の広告を手がける。本書の企画と構成、執筆を担当。

CHAPTER

3

—

石けんオフできる
優秀メイクコスメブランド
一挙紹介

「石けんオフできるメイクコスメのブランド
が知りたい」という声を受け、おなじみブ
ランドから話題の新星まで、21のブランド
を取材しました。見えてきたのはブランド
ごとに異なる豊かな個性と、優秀コスメの
数々。じっくり紹介しているので、ぜひお
気に入りを見つけてください。

BRAND INDEX

BRAND INDEX / **01**

MiMC

【 エムアイエムシー 】

自然の力を味方につけた、モードなミネラルメイク

石けんオフメイク研究会の
名誉会員である、北島 寿さんが
創設した「MiMC」。天然ミネラルと
希少な植物の力を味方につけ、
女性の美しさを引き出すことに
こだわっています。同時に、
モードを取り入れたカラー展開が
常に話題となるブランドです。

Origin of a name	「MiMC」とは「Mineral Make Cosmetic」の略。女性の肌をミネラルコスメで輝かせるという思いが込められています。
Category	☐ ナチュラル／自然派コスメ ☑ ミネラルコスメ ☑ オーガニックコスメ
Remove makeup	☑ 全製品が石けんオフ ☐ 一部の製品のみクレンジング必要 ☐ 一部の製品のみ石けんオフ
URL	www.mimc.co.jp

INGREDIENTS

ミネラルや植物、果物の力を丸ごと。
天然原料へのこだわりを貫くブランド

「MiMC」の開発者兼代表である北島さんは、科学者。理系の大学・大学院卒であり、かつては研究者を目指して実験漬けの生活を送っていたといいます。

「学生時代、研究室に泊まり込むような不規則な生活から体調不良とアトピー性皮膚炎を発症し、〝化学物質過敏症〟と診断されました。研究者の道を断念せざるを得なくなり、治療の過程でマクロビオティックな食生活に目覚めてアメリカのサンフランシスコに移住して、そこでミネラルコスメやオーガニックコスメに出合いました。その心地よさに惚れ込み、日本人の肌や嗜好によりフィットするものが欲しいと、自分でも開発を始めたのです」。そして、2007年に「MiMC」をスタート。化学物質と距離を置くことで健康な体と肌を取り戻した自身の経験から、ミネラルや希少な植物などの天然原料にこだわった製品作りを行っています。

「肌はダメージを受けたからといって、洋服のように新品に替えることはできません。化粧品は、一生ものである肌に直接のせるものであり、肌は化粧品の影響を日々大きく受けます。だから『MiMC』は〝何を入れ、何を入れないか〟に、ストイックなほどにこだわります」と、北島さん。「核となる素材は、天然の鉱物＝ミネラルと、植物オイルやエキス。ブランド独自の厳しい基準を満たした、良質なものだけを採用。それらを生かすためには、合成成分や石油系成分、タルクなどを使わないことも重要です。もちろん、すべての製品が石けんで落とせることは当たり前の条件です」

A

B

C

「MiMC」の3大人気アイテム

A 潤いたっぷりの「白樺水」やミネラルをブレンドし、エアレスコンパクトに詰めたファンデーション。ミネラルリキッドリーファンデーション SPF22・PA++ 102 全5色 13g ¥6500（ケース込み） **B** 乾燥しやすい頬に潤いを与え、艶やかに。ミネラルクリーミーチーク 11 カームピンク ¥3300 **C** メイクのための土台作りとして、良質なスキンケアにもこだわる。ナチュラルトリートメントアップチャージ 30mL ¥12000 ／ すべて MiMC

石けんオフ
メイク研究会

名誉会員

北島 寿

プロフィールは P.11 を参照

こんな成分が使われています

【　ミネラル　】

地球から生まれ、有り余る自然のパワーを蓄えた天然鉱物。それを砕いてパウダー状にしたものをメイクアイテムに使用しています。

【　植物オイル　】

パウダー状のミネラルを固めたり、肌になじませるために使用。口紅やチーク、アイシャドウなどのなめらかなつけ心地の元でもあります。

【　植物由来エキス　】

肌に潤いを与える植物エキス。「MiMC」ではマクロビオティックの〝ホールフーズ発想〟で、植物の皮も実も種もできる限り丸ごと使用。

【　天然色素　】

野菜や花などの鮮やかな天然色素を、カラーコスメの着色原料に。ミネラルの一種である酸化鉄も、焼き込みによりさまざまに発色します。

✕ **使わないと決めている成分**

【　合成着色料　】　【　紫外線吸収剤　】
【　合成香料　】　　【　タール系色素　】
【　合成防腐剤　】　【　タルク　】
【石油系界面活性剤】

メイクの美しい見た目やくずれにくさだけを優先し、合成成分で常に肌を覆っていると、肌の自然な機能が妨げられてしまうことも。生まれ持った自分の肌を最大限に生かすため、自然由来成分を使用するというポリシーを貫いています。

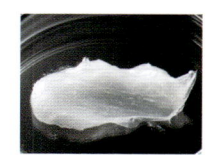

COLOR MAKEUP

パリコレでも使用された
モード感あふれるカラー

　肌への優しさと同時に〝メイクする喜び〟も追求し、シーズンごとにモード感あふれるカラーコレクションを発表し続けているのも「MiMC」が人気を集める理由のひとつ。

　「カラーアイテムの開発には、ファッション誌やモード誌の第一線で活躍を続けるメイクアップアーティストが参画しています。先端トレンドの色や質感にこだわるのはもちろん、つけ心地の良さや化粧もち、ショーや撮影といったプロの使用に対応する機能性まで、納得がいくまで試作を繰り返します」と北島さん。2019年にはなんとパリコレのバックステージにも参加。ショーでも通用する色鮮やかさやエッジの効いた質感を、ミネラル＆自然由来成分という枠の中で実現しています。

Makeup items

P.68〜69の使用アイテム

カーキ×パープルで、抜け感がありながら女らしい目元に仕上げたアイメイク。チークでほんのり血色と立体感、ピンクのリップでピュア感を添えて。肌はクリームファンデーション（P.72 **E**）を使用。**A** アイホールと下まぶたに左のオレンジ、二重の幅に右のカーキを。ビオモイスチュアシャドー 23 ¥3800　**B** 下まぶたの中央と、眉にものせる。ミネラルカラーパウダー 206 ¥1800　**C** コーラルチークを頬に幅広く。ミネラルスムースチーク 01 ¥4000　**D** 青みがかったかわいいピンク。唇全体に。ミネラルカラーリップ SPF20・PA++ 06 ¥3500　**E** 唇中央に重ねてみずみずしさを。ミネラルハニーグロス 107 ¥3200／すべて MiMC

A　　B　　C　　D　　E

アイテムと
カラーバリエの豊富さは
トップクラス！

EYE A–G

ミネラル×植物エキスやオイルの
ブレンドでできる豊富なアイカラー

A〜Gはすべてアイシャドウ！ 豊富なカラーを楽しみたいならルースやパウダータイプ、ツヤを出したいならクリーム、色もちを重視するならパウダーと、目的に合わせた形状を選べます。

A しっとりふわっと色づくクリームアイシャドウ。写真はグリーン。ミネラルクリーミーシャドー 02 ￥3200 B 白樺水がベースの、まぶたと一体化するように密着するリキッドアイシャドウ。ミネラルリキッドリーシャドー 01 ￥3300 C ミネラルと植物オイルだけで、まるでムースのような柔らかさを実現したパウダーアイシャドウ。見たままに色づく。ミネラルスムースシャドー 03 ￥2500 D〜F 天然ミネラル 100%のルースアイシャドウは色数豊富！ ミネラルカラーパウダー D 805、E 214、F 209 各￥1800 G ミネラルと天然色素、植物オイルだけを固めた、プレストパウダーアイシャドウパレット。ビオモイスチュアシャドー 15 ネーキッドプレジャー ￥3800 ／すべて MiMC

LIP H–M

発色も質感も、迷うほど
充実のリップカラー

ふたつの発色から選べる口紅、発色とツヤを叶えるリキッドルージュ、セミマットなクレヨンリップ、みずみずしいグロス、質感＆カラーチェンジルージュ。ここまで充実したラインアップは貴重です。

H 唇の皮むけを防ぐ、植物オイルたっぷりのスキンケアルージュ。ミネラルルージュ 18 ￥3500 I 国産ハチミツやカカオバター、フルーツの種を丸ごと搾ったオイルにミネラルをブレンドした、唇が潤うグロス。ミネラルハニーグロス 105 ￥3200 J 紫外線から唇を守る UV カット機能つきの口紅。リップクリームのようにシアーな輝き。ミネラルカラーリップ SPF20・PA++ 04 ￥3500 K サテンマットな質感。ミネラルクレヨンリップ 01 ￥3300 L グロスのツヤと口紅の発色を両立。唇にピタッと密着して、まるでティントのように色づく。ミネラルリキッドルージュ 02 ￥3200 M 他のリップカラーに重ね、ほんのりピンク色と繊細ラメの質感をプラス。リップチェンジャールージュ 01 ￥3500 ／すべて MiMC

CHEEK　N～P

**色つき美容液発想で、ダメージを
受けやすい頬をいたわるチーク**

「MiMC」では〝頬は最も紫外線ダメージを受け
やすい場所だから、ケアが必要〟という考え方
でチークアイテムを開発。美容液成分や紫外
線に強い植物のオイルを贅沢に配合し、しっ
とりみずみずしい色づきが魅力です。

N 頬にポンポンするだけで自然に色づく、ルースタイプのパ
ウダーチーク。日中のお直し用にも便利。ミネラルカラーチ
ーク 09 ¥3200 **O** 大人気のクリームチーク。植物オイルや
エキスで頬をみずみずしく潤す。ミネラルクリーミーチーク
09 ¥3300 **P** 肌に溶け込むようにしっとりなじむパウダーチ
ーク。ビオモイスチュアチーク 03 ¥3800 ／すべて MiMC

P.64 Makeup items

P.64〜65の
使用アイテム

深い赤の唇を主役にして、目元はキラキラの質感。リキッドファ
ンデーション（P.66 A）で仕上げたツヤ肌が立体感を生み、ミ
ネラルのパワーを感じるメイク。**Q** 大粒ラメ入りのサンドベー
ジュ。アイホール中央に重ねる。ミネラルスムースシャドー 03
¥2500 **R** オレンジベージュ。アイホールと下まぶたのキワに
細く。ミネラルリキッドリーシャドー 05 ¥3300 **S** 頬の高い
位置に。ミネラルクリーミーチーク 11 ¥3300 **T** 唇全体に塗
る。ミネラルルージュ 19 ¥3500 ／すべて MiMC

BASE MAKEUP

ライフスタイルや好みに合わせて選べるファンデーション

　アメリカでミネラルコスメに出合った北島さんが、最初に開発したアイテムがファンデーション。
「シリコンやポリマー不使用のミネラルファンデーションは通気性に優れ、一日中心地よく過ごせます。さらに、ライフスタイルや好みの質感に合わせて選べるように、ルースパウダー、クリーム、プレストパウダー、リキッドと多彩な質感をご用意しました。アジア女性のきめ細かく繊細な素肌美を引き立たせる仕上がりにもこだわっています」（北島さん）

　ひと塗りなら薄づき、重ねればカバー力がアップ。肌が決まると、一日中自信をもって明るい気持ちで過ごせる──。「MiMC」のファンデーションで、そんな気持ちを体験してください。

A

B

C

D

E

Makeup base

メイク下地は…

肌をしっとりと潤し、メイクのノリを高めるバーム。米粒大を顔全体に薄くなじませて。エッセンスハーブバームクリーム 8g ¥3800 ／ MiMC

A トウモロコシ由来の繊維で作られたブラシ。パウダーファンデーションの密着力をアップ。リンパドレナージュファンデーションブラシ 101 ¥8300　B ミネラル100%で軽いつけ心地。ミネラルモイストパウダーファンデーション SPF19・PA++ 全4色 ポンポンタイプ ¥5500 ジャータイプ ¥3600 C しっとりとみずみずしいパウダーファンデーション。ミネラルエッセンスモイスト SPF40・PA+++ 全3色 ¥5800　D コンパクト入りで携帯しやすいリキッド。ミネラルリキッドリーファンデーション SPF22・PA++ 全5色 ¥6500（ケース込み）E 美容液バームにミネラルを溶かし込んだクリームファンデーション。ミネラルクリーミーファンデーション SPF20・PA++ 全6色 ¥6500（ケース込み）／すべて MiMC

HIT ITEMS

こんなアイテムも人気です

ミネラルコスメのパイオニア的存在として、とにかくアイテムが豊富にそろう「MiMC」。そのすべてが北島さんのこだわりを形にしたものだから、ひとつひとつファンが多い名品ばかりです。中でも特に人気のアイテムをご紹介。

新時代の外的ストレスから肌を守るパウダー

紫外線はもちろん、ブルーライトや近赤外線からも肌をガード。重ねづけも簡単なポンポンタイプ。

ナチュラルエイジングケアミネラルパウダーサンスクリーン SPF50+・PA++++
¥6300 ／ MiMC

スキンケアしながら肌の凹凸をカモフラージュ

毛穴や小ジワなどの凹凸を、植物由来のセルロースパウダーがなめらかに埋めて目立たなく。顔全体にも部分用としても使えます。

ミネラルイレイザーバーム SPF20・PA++ ¥5800 ／ MiMC

大切な眉をケアしながら形を整えるパウダー

ミネラル＆植物由来成分でできたパウダーアイブロウ。眉を健やかにケアしながら、2本のブラシでふんわり自然に描けます。

ミネラルプレストアイブローデュオ 01
¥4000 ／ MiMC

椿オイルでまつげをケアしながら上向きカールに

お湯で簡単に落とせるフィルムタイプのロングラッシュマスカラ。フィルムの内側ではオイルがまつげをケアし、健やかに。

ミネラルロングアイラッシュ 01 ¥3800
／ MiMC

MiMC の他ブランド

MiMC GRACE

大人の女性のためのスキンケア＆ベースメイク

大人世代のために成分を厳選。オールインワン美容乳液と BB クリームで肌を健やかに。（左）MiMC GRACE ウーマンズパワーセラム S 70g ¥8000 （右）同 リペア BB クリーム SPF23・PA++ 30g ¥6000 ／ともに MiMC

MiMC ONE

ファミリーで使えるライフスタイルブランド

オールナチュラルな全身ケア。（左）温泉水に炭酸をブレンドした全身用化粧水。MiMC ONE フレッシュミスト100g ¥2300 （右）ナチュラルな歯磨きジェル。同 ハーブトゥースジェル 70g ¥1800／ともに MiMC

AQUA·AQUA

【 アクア・アクア 】

フルーツエキスが詰まった
〝マイ ファースト オーガニック〟

石けんオフメイクやオーガニックコスメに
興味があるけれど、何から始めたら……という
初心者でも気軽にトライできるのが
「アクア・アクア」のコスメ。軽やかなつけ心地で
トレンドカラーも多くそろい、本格ナチュラル設計で
ありながら手頃な価格で手に入るところも魅力です。

Origin of a name	アクア＝水。たっぷりと水分を含んだようなみずみずしい肌を、メイクで実現するという思いが込められた名前。
Category	☐ ナチュラル／自然派コスメ ☐ ミネラルコスメ ☑ オーガニックコスメ
Remove makeup	☑ 全製品が石けんオフ ☐ 一部の製品のみクレンジング必要 ☐ 一部の製品のみ石けんオフ
URL	aqua-cosme.com

PHILOSOPHY

軽やかでみずみずしく、色鮮やか──
ブランドのこだわりを解説

「なんとなく敷居が高い」「価格が高そう」「きれいに仕上げるのにコツがいりそう」。そんな、いろいろなハードルがあってオーガニックコスメを試したことがない人にも気軽に楽しんでほしい、という思いで2014年に誕生した「アクア・アクア」。

　気軽に試せるコスメの条件は、まずリーズナブルプライスであること。それを実現しながら、品質にはとことんこだわっています。植物成分やミネラルに加えてフルーツのエキスを配合し、つけていることを忘れるような軽さとみずみずしさ。ベースメイクはもちろん、トレンドの色や質感を楽しめるポイントメイクも多くそろっています。気分まで上げてくれるようなオーガニックコスメで、毎日のメイクをもっと楽しく、心地よく。

1　フレッシュフルーツの
　　エキスを配合

全アイテムにオーガニック成分を取り入れているのはもちろん、フレッシュフルーツ由来の美容液成分を配合。日中も肌をいたわり、メイクしながらみずみずしく潤った肌へと導きます。

A あまおう（いちご）のエキスを配合。アクア・アクア オーガニッククッションコンパクト SPF35・PA+++ 全4色 各9.0g ¥2800（レフィル）、ケース ¥850 **B** フルーツオイルが頬にツヤを。同 オーガニックプレストチーク 02 ¥1800／ともに RED

A

B

2 軽やかで みずみずしいツヤ感

スキンケア成分をたっぷり使用すること
で、素肌の潤いによる軽やかなツヤが生
まれます。ちなみに、日本女性の肌や好
みを研究し、日本で開発・製造している
のも安心できる点。

C 植物＆フルーツエキスの美容液に色をつけたような
CC クリーム。淡いピンクベージュのカラーで血色感を
プラスし、生き生きと透明感のある肌に。1本でも下地
としても使える。アクア・アクア オーガニックトリートメ
ント CC ベース UV SPF31・PA++ 23g ¥2600／RED

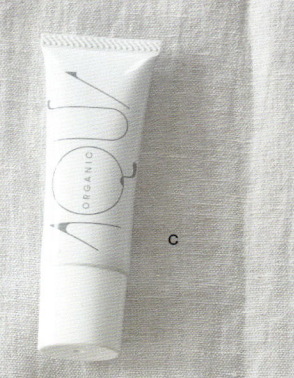

C

3 トレンドを 押さえたカラー

肌への優しさにこだわって仕上がりがニ
の次になることはなく、発色の良さとト
レンドを押さえたカラー設計にも定評あ
り。見たままに色づいて、すべてのアイ
テムが石けんで落とせます。

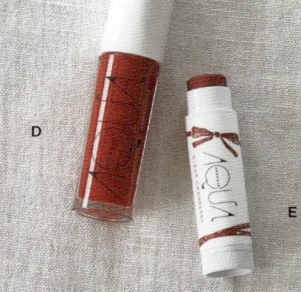

D

E

食品由来がコンセプトのリップアイテム。**D** 色
と輝き、唇ケア効果が1本で。アクア・アクア オー
ガニックリップアップルージュ 03 ¥2200（2019
年9月下旬発売予定）**E** リップクリームの保湿力
と口紅の発色を両立。同 オーガニックスイーツ
リップ 02 ¥1500／RED

EYE MAKEUP

メイクが楽しくなる、充実のアイメイクアイテム

ベージュ系が豊富なアイシャドウパレット、筆ペン式のリキッドアイライナーなど「石けんオフでこんなものが欲しかった」というアイメイクアイテムたちも「アクア・アクア」の魅力。メイク好きな人でも物足りなさを感じることはありません。

リキッドアイライナーには天然の炭、マスカラには真珠プロテインを配合し、目元の負担を軽減。ペンシルアイライナーやアイシャドウにはフルーツオイルを配合しています。

★印は P.79 のメイク使用アイテムです

A

B★

C

D

E★

F

G★

A・B すっと長くツヤのあるまつげに仕上げるマスカラ。01 のブラック、02 のブラウンのほかにネイビーブルー（P.80）もそろう。アクア・アクア オーガニックロングマスカラ A 01、B 02 ￥2500　**C** 極細の筆に適量の液が自然に含まれ、描きやすさ抜群。天然の炭配合で目元に溶け込む黒。同 オーガニックリキッドアイライナー ￥2300　**D・E** するするとなめらかな描き心地のペンシルアイライナー。02 のブラウン、03 のディープボルドーの他にブラックもあり。同 オーガニックアイペンシル D 03、E 02 各￥1600　**F・G** 植物オイルとフルーツオイル配合で、パウダーなのにまぶたにしっとりなじみ艶やかな仕上がり。04 はダークベージュ×ボルドー、05 はライトベージュ×オレンジ。同 オーガニックデュオシャドー F 04、G 05 各￥2000 ／すべて RED

╭────────────────────╮
　　　Makeup items
╰────────────────────╯

P.79 の 使用アイテム

H　　　　　I

オレンジの目元が主役のおしゃれメイク。アイホールに **G** のライトベージュを入れ、二重幅と下まぶた目頭 1/3 にオレンジを。アイラインとマスカラはブラウン（**E、B**）で軽やかに引き締める。チークとリップはピンクでまとめ、血色感を。肌はクッションファンデーション（P.76 **A**）を使用。**H** 頬の内側に。アクア・アクア オーガニックプレストチーク 01 ￥1800　**I** 唇全体に。同 オーガニックスイーツリップ 04 ￥1500 ／すべて RED

HIT ITEMS

まだまだたくさん！
隠れた人気アイテム

使いやすいコンシーラーやアイブロウ、マルチユースアイテム、トライアルセットなど、「アクア・アクア」ならではの使い勝手の良さで人気の高いアイテムをご紹介します。リーズナブルな価格だから、いくつも欲しくなってしまいそう！

1 | ブルーのマスカラで
目元に透明感をプラス

P.79 でもご紹介したマスカラですが、03 のネイビーブルーが密かな人気。程よい引き締め効果を発揮しつつ、ブルーの透明感で白目をきれいに見せてくれます。ヌーディな目元に華やぎを添える効果も。

艶やかなまつげに仕上がり、お湯で簡単に落とせる。真珠プロテイン配合。アクア・アクア オーガニックロングマスカラ 03 ¥2500 ／ RED

3 | シミやニキビのカバーに
優秀スティックコンシーラー

メイクが完成した後、シミやニキビ痕など気になる色ムラだけ〝塗り絵〟のようにカバーできる、ペンシル型のスティックコンシーラー。さらっと密着してベタつかないのも人気の理由。

細めのペンシル型でピンポイントに塗りやすい。アクア・アクア オーガニックスティックコンシーラー 全2色 各¥2300 ／ RED

2 | マルチに使える
アイテムがたくさん

P.77 でご紹介した、1本でも下地としても使える CC クリームを始め、自由に使えるマルチユースアイテムが豊富。顔、体、髪用の「オーガニックフルーティーバーム」、指に余ったものをリップにも使える「オーガニッククリームチーク」が人気です。

アクア・アクア オーガニックフルーティーバーム（シトラス）7.5g ¥1700 　同 オーガニッククリームチーク 01 ¥2000 ／ともに RED

4 | リップケア感覚で使える
シアーなグロス

P.77 でご紹介したリップ 2 種の他に人気が高いのが「オーガニックシアーグロス」。フルーツエキスを配合したみずみずしい美容液のようなテクスチャーで、荒れた唇にもしっとりなじみます。

02 のジュエルストロベリーはミネラルパール入りのフレッシュなピンク。他に鮮やかな血色感カラーもそろう。アクア・アクア オーガニックシアーグロス 02 ¥1850 ／ RED

5 | 1品5役のオールインワン パウダーファンデーション

一般的にパウダーファンデーションには下地がマストですが、「オーガニックトリートメントヴェール」はスキンケアの後、これ1品でOK。日焼け止め効果も高いので、夏の頼もしい味方に！

アクア・アクア オーガニックトリートメントヴェール SPF40・PA+++（ナチュラルベージュ・ピンクベージュ）SPF50+・PA+++（ライトベージュ）全3色 各¥2800（ケース込み）／ RED

6 | ふんわり自然な眉が 描けるアイブロウペンシル

鉛筆みたいにキュートな見た目で、価格もリーズナブル、とリピーター多数なのが「オーガニックアイブロー」。まるでパウダーのようにさらさらと描きやすく、ふんわり柔らかな印象に仕上がります。

ポーチに入りやすいサイズも◎。アクア・アクア オーガニックアイブロー（左から）01、02 各¥1200／ RED

7 | ベースメイクの トライアルセットも！

肌色を明るく整え、潤いもキープする化粧下地と、小さなパフもついて使いやすいUVパウダー、マルチバームのそれぞれミニサイズがセットになり、クリアポーチにイン。「アクア・アクア」を気軽に始めてみたい人にはもちろん、メイク直しや旅行用にも便利です。

アクア・アクア トライアルセットA ¥2300 内容：オーガニックモイストメイクアップベース ミニサイズ、オーガニックフェイスパウダー UV（パールベージュ）ミニサイズ（SPF50・PA++++）、オーガニックマルチバーム（非売品）／ RED

P.75 Makeup items

P.75の使用アイテム

A   B   C

鮮やかリップが主役。アイシャドウやクリームチークで骨格を際立たせて。**A** アイホールに左のベージュ、上まぶたのキワと下まぶたの目尻側1/3にブラウンを。アクア・アクア オーガニックデュオシャドー 01 ¥2000 **B** 頬に逆三角形に入れて立体感を。同 オーガニッククリームチーク 02 ¥2000 **C** 唇全体に。同 オーガニックリップアップルージュ 03 ¥2200（2019年9月下旬発売予定）／すべて RED

ETVOS

【 エトヴォス 】

スキンケア×ミネラルメイクで
心地よく、美肌を目指す

素肌に悩むひとりの女性が、自分のために作った
スキンケアコスメ——。それが「エトヴォス」の
前身です。スキンケア視点で作られた
肌に負担をかけないミネラルメイクは、幅広い
アイテムラインアップが支持を集め、毎シーズンの
新色を楽しみにするファンがたくさん。

Origin of a name	「エトヴォス」とはドイツ語とラテン語の造語で、「人と人とを繋げる美しさ」という意味です。
Category	☑ ナチュラル／自然派コスメ ☑ ミネラルコスメ ☐ オーガニックコスメ
Remove makeup	☑ 全製品が石けんオフ ☐ 一部の製品のみクレンジング必要 ☐ 一部の製品のみ石けんオフ
URL	etvos.com

PHILOSOPHY

ブランドを代表する 3 大人気アイテム。A セラミドと NMF（天然保湿因子）を配合した美容液。モイスチャライジングセラム 50mL ￥4000 B 美しいツヤ肌を演出。クリーミィタッチミネラルファンデーション SPF42・PA+++ 全 3 色 7g ￥5600（ケース・パフ込み） C 毛穴カバー力に優れたルーズファンデーション、マットスムースミネラルファンデーション SPF30・PA++ 全 5 色 4g ￥3000／すべてエトヴォス

誠実なスキンケアと
クレンジング不要のミネラル
メイクで、自信をもてる肌に

代表の尾川ひふみさんが自らの肌のために作ったスキンケアコスメ、それが「エトヴォス」の始まり。

「Webデザインの仕事をしていた20代の頃、ニキビに悩まされていて。原因と対策を独学で研究し、集めた情報でスキンケアのサイトを立ち上げたんです。その後、自分が納得できるニキビ用スキンケアが欲しくなり、高濃度ビタミンC誘導体配合の化粧水を作って販売もしました。さらに、アメリカで支持を集めていたミネラルファンデーションを、ニキビ肌をケア＆カバーするアイテムとして扱うことに。ここから『エトヴォス』がスタートしました」

現在「エトヴォス」には、実績のある成分と結果にこだわったたくさんのスキンケアアイテムがそろいます。そして、メイクアイテムにはこんな想いが。「クレンジングを使わず石けんで落とせるミネラルメイクに替えるだけで、肌の土台を健やかに整えていくことができます。スキンケアとメイクのシナジー効果で、『エトヴォス』は女性の美しさをもっと引き出します」

Ingredients

**スキンケアアイテムには
効果に定評のある成分を使用**

【　　　ヒト型セラミド　　　】

「エトヴォス」スキンケアのキー成分。肌の細胞の隙間でスポンジのように潤いを抱え込み、バリア機能をサポートして乾燥を防ぐ。

【　　　植物幹細胞エキス　　　】

アルガンやリンゴの〝植物幹細胞〟から抽出したエキス。肌に潤いとハリを与え、なめらかに整える。主に大人向けのスキンケアラインに配合。

【　　　ビタミンC誘導体　　　】

メラニンの生成を抑えて日焼けによるシミ・そばかすを防ぐ、ニキビ痕が気になる肌に潤いを与えてなめらかに整えるなど、さまざまな働きが。

エトヴォス 代表
尾川ひふみさん

プログラマーやWebデザイナーを経て、2005年にコスメの企画開発・販売で起業。2007年に「エトヴォス」を立ち上げる。

MAKEUP

使い勝手が良く、洗練された
仕上がりが人気の秘密

　クレンジング不要で肌に負担をかけにくく、スキンケアとのシナジー効果で美肌を目指す「エトヴォス」のミネラルメイク。さらに使い心地の良さや仕上がりにもこだわったベースメイクや、トレンドに合わせたポイントメイクが人気です。

BASE　A−B

肌に優しく、仕上がりの
美しさにも手を抜かない

国産ミネラルを使用し、軽いつけ心地で肌への負担が少ないベースメイク。ファンデーションは形状やカバー力が異なる6タイプがそろい、いちばん人気はマットなルースタイプ。**A** マットスムースミネラルファンデーション SPF30・PA++ 全5色 4g ¥3000 **B** フラットトップブラシ ¥2000／ともにエトヴォス

HOW TO 1 ファンデーションはフタに適量をとる。ブラシの中までしっかりと含ませ、余分な粉を払う。

HOW TO 2 頬にくるくると円を描くようにしっかりなじませる。続けてTゾーン、あご、細かい部分に。

COLOR　C−G

妥協のない色や発色で
トレンドメイクを楽しめる

肌への優しさとメイクする楽しみを両立。**C** ミネラルプレストチーク サーモンピンク ¥3500 **D** ミネラルクラッシィシャドー ロイヤルブラウン ¥4000 **E** ミネラルルージュ ナッツベージュ ¥3000 **F** ミネラルスムースリキッドアイライナー ナチュラルブラック ¥2700 **G** ミネラルデザイニングアイブロウ ナチュラルブラウン ¥3500（ホルダー込み）／すべてエトヴォス

● P.87 のご紹介アイテムは、すべて P.86 のメイク使用アイテムです

HIT ITEMS

幅広くユニークな
製品作りが魅力

豊富なアイテムから自分にぴったりのものがいくつも見つかるのが「エトヴォス」の魅力。スキンケアからUVケア、ベース＆カラーメイクまで、人気のアイテムをご紹介します。

3 | 肌悩みが多いなら、ビタミンC化粧水

「エトヴォス」誕生のきっかけとなった、ニキビ肌のためのビタミンC誘導体配合化粧水。美白ケアも同時にかなえ、敏感な肌をケアしながらニキビやシミを防ぎます。

薬用 アクネVCローションI［医薬部外品］150mL ¥3800／エトヴォス

1 | 肌悩みに合わせて選べる、豊富なスキンケア

〝素肌をきれいに〟というコンセプトのもと、スキンケアは豊富なラインアップ。乾燥やニキビなどの悩みに合わせて、4つのラインがそろいます。

いちばん人気はヒト型セラミドなど保湿成分配合の「モイスチャーライン」。左：モイスチャライジングローション 150mL ¥3200 中：モイスチャライジングセラム 50mL ¥4000 右：モイスチャライジングクリーム 30g ¥3800／すべてエトヴォス

4 | 夏限定のUVシリーズには、コレクターも

夏はこまめなUVケアアイテムの塗り直しが美肌キープの秘訣。UVケアをもっと楽しく、という思いで毎年限定発売されるUVパウダーは、夏らしいイラスト入りケースが大人気！

ブルーライトや近赤外線もカット。左：ミネラルUVベール（2019年限定発売）右：ミネラルUVパウダー（2018年限定発売）／ともにエトヴォス

2 | 敏感肌用の美白美容液が大ヒット！

敏感肌のシミ・くすみに着目し、有効成分のトラネキサム酸を配合した薬用美白美容液。みずみずしく優しい使い心地が「美白したいけれど肌あれしないか心配」という人に好評です。

肌にぐんぐんなじんでしっとり。薬用ホワイトニングクリアセラム［医薬部外品］50mL ¥5000／エトヴォス

5 | つけたまま眠れる〝ナイトミネラルパウダー〟

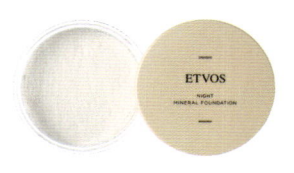

素肌をきれいに見せる夜用ファンデとして、スキンケアの仕上げをさらっとさせたい人にも人気のアイテム。ファンデーションの下地としても使えます。ミネラルとスキンケア成分配合。

透明感のある仕上がり。ナイトミネラルファンデーション 5g ¥2500／エトヴォス

6 | メイクアイテムのNo.1人気は〝アイバーム〟

美容クリームがベースのクリームアイシャドウ。まぶたに潤いとハリを与え、単品で使えば透明感のある目元に。下地として使えばアイシャドウのもちがアップします。

いちばん人気のカラー。ミネラルアイバーム シャンパンアイボリー ¥2500／エトヴォス

7 | 6タイプそろうファンデーション

ルースとプレストタイプがそれぞれ2種、リキッドとクリームタイプがそれぞれ1種。ミネラルとスキンケア成分でしっとり優しいつけ心地ながら、肌悩みをきちんとカバーしてくれます。

セミマットな質感。タイムレスフォギーミネラルファンデーション SPF50+・PA++++ 全6色 10g リフィル ¥3800、ケース ¥800／エトヴォス

P.82 Makeup items

P.82の使用アイテム

素肌の美しさを引き立たせるミニマムメイク。ファンデーションは84ページのクリームタイプ（B）、アイライナーはこのページの8（ナチュラルブラウン）。A ミネラルアイバーム ジンジャーゴールド ¥2500　B ミネラルリップブランバー モーブピンク ¥2800／ともにエトヴォス

A　　　　B

---

8 | 便利！ 筆ペンタイプのリキッドアイライナー

コシのあるしなやかな極細毛で、描きやすいリキッドアイライナー。花粉症や肌がゆらいで目元が敏感になっているときにも使えます。速乾性でにじみにくい点も◎。

ミネラルスムースリキッドアイライナー 左：ナチュラルブラック 右：ナチュラルブラウン ¥2700／エトヴォス

9 | コンシーラーパレットで日中もスキンケア

シミやくま、ニキビ痕など、隠したい悩みに合わせて色を自在にブレンドできる多色コンシーラー。美容成分を配合し、カバーしながらきれいな肌へと導きます。

中央のオレンジはくまカバーに。ミネラルコンシーラーパレット SPF36・PA+++ ¥4500／エトヴォス

naturaglacé

【 ナチュラグラッセ 】

自然派コスメを作り続けて40年以上。
スキンケア仕立てのメイク

naturaglacé

左：1本で仕上げても、下地として
使ってもOKなオールインワンベー
スメイクは、ブランドの人気No.1
アイテム。ナチュラグラッセ メイク
アップ クリーム SPF44・PA+++ 全
2色 30g ¥2800　右：〝塗るフェイ
スマスク〟のような保湿効果を備
えたリキッド。同 スキントリートメ
ント ファンデーション SPF25・
PA+++ 全4色 20mL ¥4000／と
もにネイチャーズウェイ

〝さあ、美しさを召し上がれ〟を
テーマとして、2008年に誕生した
メイクブランド「ナチュラグラッセ」。
40年以上の歴史をもつ自然派コスメ
メーカーの技術が光る、その
アイテムたちは、メイクでありながら
まるでスキンケアのように、
つけていて心地いいものばかりです。

Origin of a name	100%天然由来の原料を使った処方を表す「natural」と、ツヤを加えるという意味の「glacé」をかけ合わせた言葉。
Category	☑ ナチュラル／自然派コスメ ☐ ミネラルコスメ ☐ オーガニックコスメ
Remove makeup	☐ 全製品が石けんオフ ☑ 一部の製品のみクレンジング必要 ☐ 一部の製品のみ石けんオフ
URL	www.naturaglace.jp

PHILOSOPHY

メイクしながら素肌をケア。
落とした後の肌がみずみずしい

　今でこそナチュラルコスメやオーガニックコスメには数え切れないほどの選択肢がありますが、1970年代の日本では、その概念すらほとんど知られていませんでした。そんな中、植物を中心とする天然由来原料にこだわった〝自然派化粧品〟メーカー、ネイチャーズウェイが1974年に創立。自社工場での研究開発・生産はもちろん、有機JAS認証（日本で唯一のオーガニック規格）を取得した自社農場でハーブ原料の栽培を行うなど、この分野の先駆者として道を切り開いてきました。

　そして、2008年にメイクブランド「ナチュラグラッセ」が誕生。スキンケアコスメで培った技術と経験を注ぎ込み、原料は100％天然由来。軽やかで心地よく、メイクしながら肌も表情も輝いていくような〝スキンケア仕立て〟のベースメイクアイテムは、「落とした後の肌がみずみずしい」とたちまち評判に。紫外線はもちろんブルーライトもカットしたり、肌悩みを的確かつ自然にカバーするなどの機能性にもこだわっています。カラーメイクアイテムも同じく〝スキンケア仕立て〟でありながら、ツヤと発色が美しく、肌に密着してくずれにくいのが特徴。プロのヘア＆メイクアップアーティストからも高い支持を得ています。

BASE MAKEUP

シーンに合わせた、ふたつの〝スキンケアベースメイク〟

まるで美容クリームを塗っているかのように軽やかでみずみずしいP.90の2品は、〝スキンケア仕立て〟のベースメイクの代表ともいえるもの。それぞれの特徴を生かしてカラーアイテムを組み合わせた、潤い感あふれるふたつの顔をご紹介。

HEALTHY

Makeup items

「メイクアップクリーム」で作るヘルシーなツヤ感

仕込みパールで光を操り、美しい素肌のような仕上がりをかなえるオールインワンベースメイク。オレンジやレッドのツヤ感ポイントメイクが似合い、ヘルシーな雰囲気を演出します。

きれいな素肌のようなツヤ。ナチュラグラッセ メイクアップ クリーム SPF44・PA+++ 全2色 30g ¥2800／ネイチャーズウェイ

P.92の使用アイテム

A　　　　B　　　　C

オレンジゴールドで目元に陰影をつけ、頬にはオレンジを淡く広く。A 左のベージュを上まぶた全体に、中央のオレンジをアイホールと下まぶたに、右のブラウンを二重幅に。ナチュラグラッセ アイカラーパレット 02 ¥3600　B 同 チークブラッシュ 03 ¥3600　C 同 トリートメント リップ オイル モア 03 ¥3000／すべてネイチャーズウェイ

TRANSLUCENT

Makeup items

「スキントリートメント ファンデーション」 で作る透明感

〝塗るフェイスマスク〟感覚で、潤いの膜が肌に密着するリキッドファンデーション。発光するように透明感のある肌には、ブラウンやローズピンクのフェミニンなポイントメイクが◎。

落とした後の肌までしっとり。ナチュラグラッセ スキントリートメント ファンデーション SPF25・PA+++ 全4色 20mL ¥4000／ネイチャーズウェイ

P.93の使用アイテム

赤みを帯びたブラウンの目元とローズピンクのリップで女らしく。**D** ナチュラグラッセ スキンバランシング ベース SPF31・PA++ 25mL ¥3200 **E** 上下まぶたに左のベージュ、アイホールに中央のスモーキーベージュ、下まぶたの目尻側1/3に右の赤みブラウン。同 アイカラーパレット 05 ¥3600 **F** ヌードカラーを頬の高い位置に。同 チークブラッシュ 04 ¥3600 **G** 唇にたっぷりと。同 ルージュ モイスト 10 ¥3200／すべてネイチャーズウェイ

FEATURE

〝スキンケア仕立て〟を支える
4 つのポイント

「ナチュラグラッセ」のメイクが〝スキンケア仕立て〟である秘密を、4 つのこだわりポイントからひもときます。歴史が長く、自社で原料の育成から製造まで行っているメーカーだからこそ、かなえられることがいっぱい。

Point (1)

**植物由来の「ベースオイル mix」を
全アイテムに配合**

100%天然由来成分にこだわった「ナチュラグラッセ」のメイク。皮脂に似たオリーブ果実油・ホホバ種子油と、肌を保護するサジー果実油をブレンドした「ベースオイル mix」を、全アイテムに配合しています。

皮脂に近い
2 種のオイル

肌を保護する
オイル

| オリーブ果実油 | ホホバ種子油 | ＋ | サジー果実油 |

Point (2)

**「成分ピラミッド」により
適切なスキンケア効果を発揮**

「ブランド成分」としてすべてのアイテムに「ベースオイル mix」を採用。化粧下地やアイメイクなどのカテゴリー別に「カテゴリー成分」、アイテムごとに「アイテム成分」として、それぞれ植物原料を配合しています。

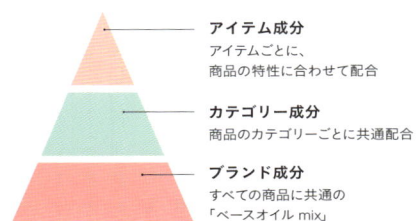

アイテム成分
アイテムごとに、
商品の特性に合わせて配合

カテゴリー成分
商品のカテゴリーごとに共通配合

ブランド成分
すべての商品に共通の
「ベースオイル mix」

Point (3)

自社工場で製造

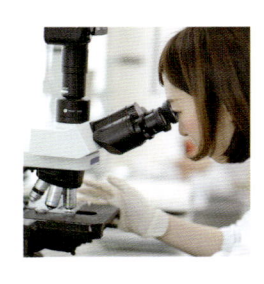

材料の選定から研究開発、生産、流通の管理まで、すべてを自社の工場で行うのも「ナチュラグラッセ」の大きな特徴。安心・安全で衛生的な商品作りを徹底しています。

Point (4)

原料開発のために自社農場を運営

Point2 で解説した植物原料は、すべてオーガニックまたはワイルドクラフト、無農薬のもの。その一部は、山梨県の標高 800m の丘陵地にある自社農場「明野ハーブ農場」で栽培を行っています。

MAKEUP BASE

素肌を底上げする機能派下地で、
メイクがもっと楽しくなる

ファンデーションの前に使う下地が種類豊富にそろうところも、〝スキンケア仕立て〟にこだわる「ナチュラグラッセ」らしさ。肌にダイレクトに触れるものだから保湿効果にこだわりつつ、悩みに的確に応えてくれます。

肌の凹凸をなめらかに。
潤いバランスもキープ

肌の水分と油分のちょうどいいバランスを保ち、テカリと乾燥を防ぐノーカラー下地。毛穴などの凹凸をつるんとなめらかに整え、紫外線だけでなくブルーライトもカットします。

ナチュラグラッセ スキンバランシング ベース SPF31・PA++ 25mL
¥3200／ネイチャーズウェイ

強い紫外線などから肌を守り
潤いをキープ

高い紫外線防止効果に加え、ブルーライトを97.2％、近赤外線を92.9％カットする、光ダメージ防止下地。さらっとなめらかにのびて、肌の乾燥を防ぎます。

ナチュラグラッセ UV プロテクション ベース SPF50+・PA+++ 30mL
¥3200／ネイチャーズウェイ

色ムラやくすみの悩みに
合わせて、ナチュラルに補整

気になる色ムラを自然に補整する色付き下地。01 のバイオレットはくすみをカバーして透明感をプラス。02 のピンクは生き生きとした血色感をプラス。03 のイエローは赤みをカバーしてすっきりとした印象に。

ナチュラグラッセ カラーコントロール ベース SPF32・PA++ 全 3 色（左から：01、02、03）25mL ¥3200／ネイチャーズウェイ

LIP COLOR

潤った素肌に似合うのは、
ふっくらみずみずしく色づく唇

植物由来の潤いと大地のミネラルでしっとり彩るカラーメイクの中でも、特に支持を集めているのがリップアイテム。自然な仕上がりならリップオイル（A〜C）、セミマットで鮮やかな仕上がりなら口紅（D〜F）がおすすめ。

植物オイルとエキスで
つけるたび、ふっくら唇

植物由来オイルを贅沢に配合し、ミネラルの自然な色づきが楽しめるリップオイル。ふっくら弾むように艶やかな唇が続き、石けんオフした後もオイルの潤いが残ります。

とろけるつけ心地。
美発色のセミマットリップ

ひと塗りで鮮やかに色づいて、セミマットな仕上がりがおしゃれなルージュ。しっかりフィットして色もちがいいので、石けん2度洗いがおすすめです。

A〜C ナチュラグラッセ トリートメント リップオイル モア A 03（シアーなレッド）、B 02（ニュアンスをプラスするオレンジ）、C 01（クリアなピーチ）¥3000 D〜F 同 ルージュ モイスト D 03（明るいコーラルオレンジ）、E 08（鮮やかで落ち着きのあるレッド）、F 05（みずみずしい印象のピンク）¥3200／ともにネイチャーズウェイ

HIT ITEMS

こんなアイテムも人気です

リップ以外のポイントメイクアイテムにも名品がたくさん。アイブロウや
チーク、アイライナーなど、どれも発色がよくくずれにくいのが特徴です。
リキッドファンデーションの仕上げやメイク直しに便利なパウダーも。

| ソフトなタッチで
眉尻まで繊細に
描けるペンシル | 自然な血色とツヤ
でイキイキ感を
引き出すチーク | なめらかに描けて
にじみにくい
アイライナー | 繊細なパウダーで
テカリを防ぎ
透明感キープ |

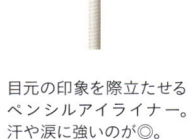

大切な眉の根元に負担を
かけることなく、1本1
本繊細に描けます。

抜け感が出るオリーブグ
レー。ナチュラグラッセ アイ
ブロウペンシル 01 ¥2800／
ネイチャーズウェイ

粉感がなく、しっとりなじ
む2色セットのパウダー
チーク。頬を艶やかに。

左を広く入れ、右をハイライ
ト的に。ナチュラグラッセ
チークブラッシュ 01 ¥3600
／ネイチャーズウェイ

目元の印象を際立たせる
ペンシルアイライナー。
汗や涙に強いのが◎。

ナチュラグラッセ アイライ
ナーペンシル 01 カートリッ
ジ ¥1800、ホルダー ¥1000
／ネイチャーズウェイ

サラサラの快適肌に整え
るプレストパウダー。

ナチュラグラッセ プレストパ
ウダー SPF30・PA+++ 全2
色（写真は 01）12g レフィル
¥2800、ケース ¥1000／ネ
イチャーズウェイ

P.96
の A

リップアイテムの
いちばん人気は、
赤のリップオイル！

「ナチュラグラッセ」のメイ
クアイテムの中で、最も人
気があるのが「トリートメ
ント リップオイル モア
03」。唇にほんのり血色感
をプラスし、色づくリップ
美容液感覚で使えます。

VINTORTÉ

【 ヴァントルテ 】

敏感肌でも使える、
京都生まれのミネラルコスメ

京都で生まれた国産ナチュラルコスメブランド
「ヴァントルテ」。すべてのアイテムにシルクを配合し、
しっとりとなめらかなつけ心地。日本人の肌が
本来もつ透明感やきめ細かさを引き出すことに
こだわっています。ミニマムで洗練されたパッケージ、
使い続けやすい価格も魅力です。

Origin of a name	フランス語のヴァンカトル（24）、タン（時間）、ポーテ（美しさ）を合わせた造語。メイク中もオフした後も美しく。
Category	☑ ナチュラル／自然派コスメ ☑ ミネラルコスメ ☐ オーガニックコスメ
Remove makeup	☑ 全製品が石けんオフ ☐ 一部の製品のみクレンジング必要 ☐ 一部の製品のみ石けんオフ
URL	www.vintorte.com

BASE MAKEUP

多様化する敏感肌に寄り添い
納得できるものだけを商品化

　「ヴァントルテ」ブランド責任者の三吉愛子さんは、商品開発の担当者でもあります。その誕生について、詳しくお話を伺いました。

　「母が敏感肌で使える化粧品があまりなく、せっかく見つけても価格の問題で続けるのが難しかったり。そんな風に悩んでいる人は他にも多いと知り、自分で商品を開発しようと決めました。ミネラルやピュアシルクなど上質な自然由来の原料を使用し、容器や箱で価格と環境に配慮。特に、肌に長時間まとうベースメイクアイテムにはこだわっています」

ベースメイクの人気アイテム。**A** ぴたっと密着し、頼もしいカバー力。ミネラルシルクコンシーラー SPF25・PA++ 3g ¥2300　**B** 毛穴や色ムラをカバーして均一なツヤ肌に。ミネラル CC クリーム SPF50+・PA++++ 30g ¥3400　**C** いちばん人気のルースファンデーション、ミネラルシルクファンデーション SPF25・PA++ 全5色 6g ¥3300（セット価格）、パフ¥500／すべてヴァントルテ

ヴァントルテ ブランド責任者
三吉愛子さん

「ヴァントルテ」生みの親として、開発からブランドマネージャー、デザイン、PRまで多くの業務を手がける。京都在住。

なりたい肌で選べる 5 つのファンデーション

さまざまな敏感肌のニーズに合わせて種類を増やしていったら、

いつの間にか 5 タイプになっていたというファンデーション。

なりたい肌の質感はもちろん、悩みに合わせて選ぶこともできます。

薄づきナチュラル肌

ミネラル＋シルクのルース
ファンデーション。パフ
でつける手軽な使い方で
毛穴やくすみをカバー。

ミネラルシルクファンデーショ
ン SPF25・PA++ 全 5 色 6g
¥3300（セット価格）、パフ¥500
／ヴァントルテ

くずれにくいグロウ肌

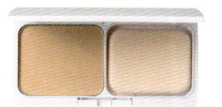

紫外線をしっかりカット
しながら、内側から発光
するようなツヤ肌へ。シ
ミもくすみもカバー。

ミネラルシルクグロウファン
デーション SPF50+・PA++++
全 3 色 11g レフィル¥3200、
ケース¥1000、パフ¥500／
ヴァントルテ

くずれにくいマット肌

皮脂吸着パウダーを配合
し、くずれにくいふんわり
マット肌に。ビタミン C
誘導体配合で毛穴ケア。

ミネラルシルクプレストファン
デーション SPF20・PA++ 全
3 色 10g レフィル¥2800、
ケース¥1000、パフ¥500／
ヴァントルテ

しっとり潤うツヤ肌

美容液成分を贅沢に配
合し、みずみずしいツヤ
肌に導くリキッドタイプ。
メイクしながらパックし
ているかのよう。

美容液ミネラルリキッドファ
ンデーション SPF42・PA+++
全 3 色 35g ¥3500／ヴァン
トルテ

夏にうれしいしっかり UV カット

紫外線を強力にカットし
ながらシミや毛穴をカ
バー。一日中サラサラの
肌をキープします。

ミネラル UV ファンデーショ
ン SPF50+・PA++++ 全 1
色 6g ¥3300（セット価格）、
パフ¥500／ヴァントルテ

UV powder

日焼け止めパウダーも人気！

色がつかない透明ヴェール。日中の塗り直しに。
ミネラル UV パウダー SPF50+・PA++++ 全 1 色
5g ¥3200（セット価格）、パフ¥500／ヴァント
ルテ

COLOR MAKEUP

捨て色なし、欲しいものがすべてそろうポイントメイク

カラーアイテムは〝はんなりとした美しさ〟を引き立てるナチュラルメイクがコンセプト。肌なじみが良く、ちょうどいいきちんと感と華やぎを添えてくれる色や質感がそろっています。アイシャドウやチーク、リップはもちろん、アイライナーにマスカラ、アイブロウ、ハイライト、シェーディングまで、きめ細かく充実したラインアップ。必要なものがきっと見つかります。

A 肌に輝きと透明感をプラス。ミネラルシルクハイライトヴェール 全1色 ¥3200 B やり過ぎにならない自然な陰影が作れる。ミネラルシルクシェーディングパウダー 全1色 ¥3200 C フェミニンなボルドーブラウンとベージュ系のパレット。ミネラルシルクアイズパレット アンティークドプラム ¥3600 D 上向きのナチュラルまつげに。ミネラルシルクロングマスカラ ¥2500 E ミネラルルージュ ハニーテラコッタ ¥2800 F リップにもチークにも使えるマルチパレット。ミネラルシルククリーミィチーク＆ルージュ シーシェルピンク ¥2800 G ほんのりした血色とツヤが出る。ミネラルシルクチークカラー ローズピンク ¥3300 H なめらかな描き心地。ミネラルシルクペンシルアイライナー ブラウン ¥2500 I アイブロウペンシル、アイブロウパウダー、スクリューブラシがひとつになった便利アイテム。ミネラルシルクパウダー＆ペンシルアイブロウ ライトブラウン ¥3200 ／すべてヴァントルテ

● P.102 のご紹介アイテムは、すべて P.99 のメイク使用アイテムです

SKINCARE

植物エキスとセラミドが、大人の肌をふっくらみずみずしく

敏感肌に向けたブランドだから、当然、スキンケアラインにもこだわっています。大人の肌が抱える悩みに「ヴァントルテ」が出した結論は、優しさだけでなく〝心と肌にアプローチすること〟。植物の恵みを理想的な状態で抽出した独自のボタニカルウォーターが、乾きがちな肌をたっぷり保湿。心地よく柔らかな肌あたりと香りで、ゆらいだ心にもアプローチしてくれます。

メープルウォーターとチシマザサ水を高配合した、とろみのあるボタニカルウォーターを全アイテムに使用。さらに、植物幹細胞エキス、保湿成分のヒト型セラミドを配合し、バリア機能をサポートする。J リッチな潤いで肌に透明感をプラス。ボタニカルモイストローション ¥3800　K 3種の植物幹細胞エキスを配合したエイジングケア美容液。ボタニカルモイストセラム ¥4800　L ビタミンC誘導体やヒアルロン酸などの美容成分ぎっしり。ハリ感のある肌へ。ボタニカルモイストクリーム ¥4200 ／すべてヴァントルテ

ONLY MINERALS

【 オンリーミネラル 】

日本人の肌に合わせた
クリーミィなミネラルメイク

ミネラルコスメを日本に初めて導入したヤーマンが、
繊細な日本人の美意識に合わせて開発したのが
「オンリーミネラル」。独自の技術で粉砕された
ミネラルが、肌の上でクリーミィな質感に変わり、
溶け込むようになじみます。ベースメイクアイテムも
センスあふれるカラーアイテムも、魅力がいっぱい！

ONLY MINERALS

Origin of a name	100%ミネラル、またはできる限り多くのミネラルと天然由来成分使用にこだわった製品開発をしていることから。
Category	☐ ナチュラル／自然派コスメ ☑ ミネラルコスメ ☐ オーガニックコスメ
Remove makeup	☑ 全製品が石けんオフ ☐ 一部の製品のみクレンジング必要 ☐ 一部の製品のみ石けんオフ
URL	www.onlyminerals.jp

PHILOSOPHY

日本人の肌や美意識に合わせた
繊細なミネラルメイク

　きめ細かく繊細なツヤ、フィット感、カバー力、素肌っぽさ……。そんな、日本人が好む仕上がりに合わせて独自に製品開発を行う「オンリーミネラル」。その歴史は 2004 年に遡ります。

　当時はまだ日本になかった、美しい鉱石を原料とする〝ミネラルファンデーション〟を、アメリカで発見。肌にトラブルがある人でも使える優しさと新しさに惚れ込み、日本へ導入します。その後、日本人になじむ質感や色を、研究を重ねて作り上げたのです。

　配合成分のほとんどがミネラルや天然由来成分で、肌に負担をかけにくいのが特徴。スキンケアの仕上げのような感覚で使える、バリエーション豊かなベースメイクアイテムがそろいます。

A ミネラルと天然由来成分 100％のパウダーファンデーション。しっとりみずみずしい仕上がり。オンリーミネラル ミネラルモイストファンデーション SPF35・PA++++ 全 5 色 10g レフィル￥3800、ケース￥900　**B** ダイヤモンドやゴールドのパウダーを配合した、プレミアムなミネラル 100％。同 プレミアムファンデーション SPF40・PA++++ 全 2 色 7g ￥4500　**C** ブランドの始まりはこのファンデーションから。ツヤとマット、それぞれ 9 色から選べる。同 ファンデーション SPF17・PA++ 全 18 種 7g ￥3800　**D** ミネラルファンデーションを肌に均一にのせるためのブラシ。同 ファンデーションブラシ ￥3500　**E** ツヤと透明感あふれる仕上がり。同 ミネラルエッセンス BB クリーム SPF25・PA++ 全 3 色 30g ￥4000／すべてヤーマン

MEDICATED BASE MAKEUP

薬用有効成分を配合した
〝薬用ミネラルベースメイク〟が人気

　ビタミンＣ誘導体や酸化亜鉛、イオウなどは〝ミネラル〟の一種であり、肌に対して一定の効果があると承認された薬用有効成分でもあります。「オンリーミネラル」はこの薬用ミネラルにこだわることで、ミネラル＝ただ肌に負担をかけにくいものという概念を超えた「薬用ミネラルベースメイク」を実現し、好評を得ています。美白効果のあるファンデーションが２種と、美白コンシーラー、そしてニキビ予防できるコンシーラー。どれもカバー力とナチュラル感を兼ね備えた理想的な仕上がりで、日中もメイクしながら気になる肌悩みをケアし続けてくれます。

　いつものベースメイクに気軽にプラスするなら、薬用コンシーラー（写真のＨ、Ｉ）がおすすめです。

F 強い紫外線から肌を守り、シミを防ぐ効果も。オンリーミネラル 薬用美白ミネラルクリア UV ファンデーション SPF50+・PA++++ 全 2 色 10g レフィル￥3900、ケース￥900 G ミネラルの光拡散効果で透明感あふれる仕上がり。同 薬用ホワイトニングファンデーション SPF50+・PA+++ 全 2 色 7g ￥3900 H カバーしながら美白ケア。同 薬用コンシーラー ホワイトニングケア SPF23・PA++ 1g ￥2000 I 肌を引き締め、大人のニキビを防ぐ。同 薬用コンシーラー アクネプロテクター SPF20・PA++ 1g ￥2000 J 薬用コンシーラーのためのブラシ。同 コンシーラーブラシ（抗菌コートつき）￥2800／すべてヤーマン [F〜I は医薬部外品]

COLOR MAKEUP

ミネラルの
鮮やかな発色と繊細な質感。
いくつも欲しくなる！

「オンリーミネラル」のもうひとつの魅力が、バリエーション豊かなカラーメイク。ミネラル100％で美しい発色やきらめきをかなえるマルチカラー「ミネラルピグメント」は、取り出しやすい容器も好評の大ヒットアイテム。荒れやすい唇にみずみずしい潤いを与えるリップアイテムも支持を集めています。

★ 印は P.105 と P.108 のメイク使用アイテムです

EYE A−F

**ミネラル100％。顔中どこにでも
使えるマルチカラー**

美しい鉱石などを微細に砕いた、ミネラル100％のルース状マルチカラー。指やブラシにとって目元や頬に、リップクリームと混ぜればナチュラルなリップカラーとしても。

A〜F 色に合わせて使い方は自在。オンリーミネラル ミネラルピグメント **A** ココア（マットなダークベージュ）、**B** スターアニス（メタリックな赤みベージュ）、**C** アイシングベージュ（ツヤのあるライトピンクベージュ）、**D** カシス（きらめきボルドー）、**E** ブロンズ（きらめきブロンズ）、**F** ミストグレー（ツヤのあるラベンダーグレー）0.5g ¥1800 ／ヤーマン

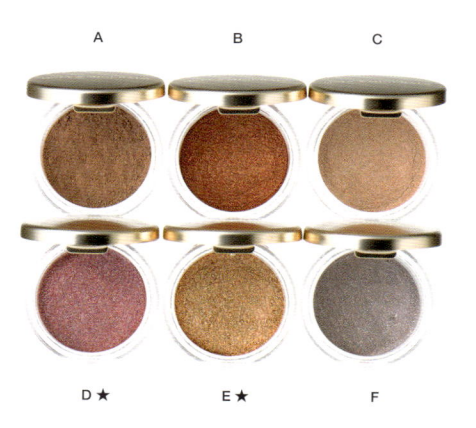

A　　　　B　　　　C

D★　　　E★　　　F

LIP　G – M

**天然由来成分100%の
リップ美容液＆しっとり口紅**

リップアイテムで人気を集める
のは、カラーグロスやリキッド
ルージュのように色づく「ミネラ
ルカラーセラム」。しっとり滑ら
かにのびるリップスティックは、
鮮やかな色を楽しめます。

G　　H　　I　　J★

G〜J ツヤのある質感で唇がしっとり。オ
ンリーミネラル ミネラルカラーセラム G 02
（テラコッタ色）、H 03（青みの軽やかピン
ク）、I 07（ブラウンレッド）、J 08（メタリッ
クなレッド）4g ￥2500／ヤーマン

K　　L　　M

K〜M オンリーミネラル ミネラルルージュ N
K キャメルベージュ（テラコッタ色）、L コー
ラルレッド（赤みコーラル）、M ラズベリー
ピンク（ボルドー）3g ￥3000／ヤーマン

HIT ITEMS

このアイテムも人気です

サラサラ、つるんと軽いミネラルパウダー

ファンデーションのツヤを損なわずフレッシュな印象を持続させ
る、さらさらのミネラルパウダー。スキンケアの仕上げにも OK。

オンリーミネラル ミネラルク
リアグロウフェイスパウダー
左：01（なじみやすい透明タ
イプ）右：02（ツヤと血色感
アップ）7g ￥3500／ヤーマ
ン

ツヤと透明感、血色感を作るミネラルチーク

ミネラル 100％で自然な色づき。コーラルやローズなど豊富なカ
ラーがそろう中で、最も人気が高いのは写真の繊細なピンク。

フタにとって使うルースタイ
プ。オンリーミネラル ブラッ
シュ サクラ 3g ￥3000／
ヤーマン

ミネラルコスメを美しく
仕上げるブラシも豊富に

ミネラルパウダーを粉飛びなく美しくのせ
るブラシを中心に、コンシーラーやチー
ク用など多様なサイズ＆形状が。

肌あたりが優しく、清潔を保つ〝タクロン〟とい
う合成繊維を使用。左：ルースタイプのファンデー
ション用。オンリーミネラル ファンデーションブラ
シ ￥3500　中：小回りが利く。同 コンシーラー
＆ハイライトブラシ ￥2400　右：携帯用に便利。
ミニフェイスブラシ ￥2500／すべてヤーマン

ミネラル＆超純水＆
美容成分のスキンケア

海由来のミネラルに、不純物を限りなく
除去した超純水と美容成分をブレンドし
たスキンケアもあり。美容液が人気です。

洗顔後すぐの肌に使い、化粧水などのなじみを
促す導入美容液。オンリーミネラル エクストラセ
ラム 50mL ￥5000／ヤーマン

THE PUBLIC ORGANIC

【 ザ パブリック オーガニック 】

東京発・精油が香るオーガニックコスメでストレスケア

植物のパワーが詰まった
〝精油〟の香りの
ヘアケアやボディケアが
豊富にそろう
「ザ パブリック
オーガニック」で、高い
人気を集めているのが「精油
カラーリップスティック」。
自然な色づき、100％精油
ブレンドの華やかで女性らしい
香り。石けんで落とせる、心にも
肌にも優しいアイテムです。

Origin of a name	「精油の力が詰まったオーガニックコスメを、多くの人の普通の暮らしに」という思いが込められたネーミング。	Remove makeup	☑ 全製品が石けんオフ ☐ 一部の製品のみクレンジング必要 ☐ 一部の製品のみ石けんオフ
Category	☐ ナチュラル／自然派コスメ ☑ ミネラルコスメ ☑ オーガニックコスメ	URL	thepublic.tokyo

MAKEUP

モードなカラーが優しく色づく。
噂のリップをマルチ使い

100％天然由来の原料で、肌への優しさと潤い、自然な色づきをかなえるリップスティック。製品はもちろん唇用ですが、頬やまぶた、眉の仕上げに重ねるなど、顔全体に使ってワントーンメイクを楽しむこともできます。

ザ パブリック オーガニック
オーガニック認証 精油カラー
リップスティック スーパー
フェミニン ノーブルオレンジ
3.5g ¥648／カラーズ

111

PHILOSOPHY

精油の力を日常に。
乱れがちな現代女性の心身をケア

　多忙な仕事、人間関係、SNS、都市の環境悪化……。たくさんのストレス要因に囲まれている現代社会。自然に囲まれてのんびり過ごす休日があれば心身ともに解放されますが、都会で暮らしているとそんなゆとりを持つこともままなりません。「ザ パブリック オーガニック」は、そんな現代社会で過ごす女性たちを思い、植物のパワーが心身に働きかける〝精油〟の香りを取り入れたブランド。創立者である橋本宗樹さんが語ります。

「精油の香りはダイレクトに脳を刺激し、心に働きかけ、それが体の調子にも影響を与えます。日常的に使うコスメに精油の力を取り入れることで、内側から真の美しさを引き出すことができるのです。私たちは東京・南青山のナチュラル＆オーガニックコスメ専門ラボで、ナチュラル原料95％以上にこだわった製品づくりを行なっています。高度な知識をもつ植物療法士が、自律神経測定器などを使いながら精油をブレンドしています」

　専門的な精油の知識がなくても「ザ パブリック オーガニック」の製品を使うだけで、精油の力を享受することができるのです。「精油カラーリップスティック」を始め、日々の暮らしに役立つアイテムが充実しているので、気になるものをいくつでも取り入れてみて。

Labo

東京・南青山のラボで精油を調合

白を基調とした、まるでデザイナーズオフィスのようにモダンな空間で「ザ パブリック オーガニック」の製品は開発されています。

カラーズ 代表取締役
橋本宗樹 さん

日本の伝統文化や技術を世界に発信したいという思いから、2000年にオーガニックコスメメーカー「カラーズ」を設立。

HIT ITEMS

ヘアケア、ボディケア、リップケア。
一日中絶え間なく精油の香りに包まれて

精油のストレスケア効果を自宅でも、外出先でも取り入れることができる「ザ パブリック オーガニック」のアイテムラインアップ。心へのアプローチが異なる、5つの香りのシリーズがそろい、好みや効果で選べます。

DAY

日中のストレスをリップスティックの香りでケア

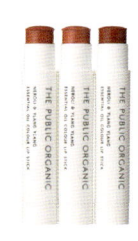

天然ミネラル由来の自然な色づきが楽しめるカラーリップ。華やかで女性らしい「スーパーフェミニン」の香り。ザ パブリック オーガニック オーガニック認証 精油カラーリップスティック スーパーフェミニン 全3色（左から：ノーブルオレンジ、グレースフルピンク、バーニングレッド）3.5g ¥648／カラーズ

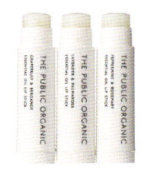

日中いつでも香りを楽しむことができる保湿リップ。リーズナブル価格で3つの香りがそろうので、その日の気分によって使い分けるのも◎。ザ パブリック オーガニック オーガニック認証 精油リップスティック 全3種（左から：スーパーポジティブ、スーパーリラックス、スーパーリフレッシュ）4g ¥555／カラーズ

NIGHT

眠りに働きかける、寝室用のルームディフューザー

現代人の深刻な睡眠ストレスへアプローチする、100％植物由来の精油ブレンドが5種。ザ パブリック オーガニック スーパーディープナイト ホリスティック精油ディフューザー 全5種（写真はディープスリープ）180mL ¥15000／カラーズ

BATH

幸せホルモンにアプローチする、精油のシャン＆トリ

発売後すぐに雑誌のベストコスメ1位を受賞するなど、大人気の香り。左：ザ パブリック オーガニック 精油シャンプー スーパーポジティブ 500mL ¥1544　右：同 精油トリートメント スーパーポジティブ 500mL ¥1544／ともにカラーズ

MORNING

髪と頭皮にマルチ使用できる、癒しのヘアオイル

髪のケアはもちろん、頭皮クレンジングや全身の保湿にも使えるオイル。ラベンダーやシダーウッド精油の落ち着いた香り。ザ パブリック オーガニック 精油ヘアオイル スーパーリラックス カーミング 55mL ¥1600／カラーズ

VIRCHE

【 ヴァーチェ 】

「マルラオイル」でメイクしながらエイジングケア

　年齢を感じさせないきれいな素肌に憧れる一方で、深まっていくエイジングサイン……。そんな理想と現実のギャップに悩む人には、「ヴァーチェ」のベースメイクがおすすめです。

「ヴァーチェ」は、医学博士監修のもと、大人の肌に必要な潤いを補うエイジングケアを提案するブランド。ベースメイクもその一環として、ビタミンや必須脂肪酸を含む南アフリカ原産の「マルラオイル」を始めとした、充実の美容成分を配合しています。ファンデーションは潤い感たっぷりのリキッドと、くずれにくいプレストタイプの２種類。どちらもカバー力と軽やかなつけ心地のバランスが良く、悩み深い大人の肌も透明感あふれる印象に仕上げてくれるのがうれしいところ。

　紫外線や大気汚染などから肌を守る下地、フェイスパウダーもそろいます。セットで使って、石けんオフできるエイジングケアメイクを楽しんで。

Marula oil

ブランド誕生の
きっかけはこのオイル

南アフリカで〝神の木〟と呼ばれる、マルラの木の実からとれるオイルを純度100%、防腐剤や香料、着色料無添加でボトリング。年齢肌に必要なビタミンや必須脂肪酸が、肌にハリを与える。マルラオイル 18mL ￥3680／ヴァーチェ

Origin of a name	「virtue（美徳）」と「cheer（応援する）」を合わせた造語。生涯にわたり美をサポートしたいという想いを表現。
Category	☑ ナチュラル／自然派コスメ ☑ ミネラルコスメ ☐ オーガニックコスメ
Remove makeup	☑ 全製品が石けんオフ ☐ 一部の製品のみクレンジング必要 ☐ 一部の製品のみ石けんオフ
URL	virche.com

つけている方が心地いい
大人専用ファンデーション

悩み深い大人の肌に頼もしいカバー力と軽やかな
つけ心地、たっぷりの潤いを兼ね備えた
ふたつのファンデーション。石けんオフメイクだと
カバー力が心配……という人にもおすすめです。

左：美容液成分 81.6％配合。
ミネラルリキッドファンデー
ション SPF23・PA++ 全 2 色
30g ¥4200　右：なめらかな
セミマット肌が持続。ミネラル
ラスティングファンデーション
SPF30・PA+++　全 2 色 12g
レフィル ¥4000、ケース ¥1000
／ともにヴァーチェ

▶ Sekken-off items

このアイテムも
石けんオフ対応

肌悩みを自然にカバーして、明
るくしっとりした肌が続く下
地。外敵から肌を守る。ミネラ
ル UV ベース SPF26・PA+++
30mL ¥4000 ／ヴァーチェ

UV カットパウダーとしてもリキッ
ドファンデーションの仕上げ用
としても使える。ミネラルベール
パウダー SPF45・PA+++ 5g
¥3000 ／ヴァーチェ

115

bareMinerals

【 ベアミネラル 】

どこまでも誠実。元祖・ミネラルファンデーション

　天然由来のミネラルに着目し、肌への負担が少ないファンデーションとして〝ミネラルファンデーション〟を作ったパイオニアが「ベアミネラル」。5つのミネラル成分のみを使用し、水も油も使用しないので肌に負担をかけることがなく、石けんで簡単にオフ。それなのにしっとりとクリーミーなつけ心地、カバー力も仕上がりの美しさも妥協しないというその製品は「オリジナル ファンデーション」として、20年以上変わらないベアミネラルのアイコン的存在となっています。

　ベアミネラルが目指すのは〝CLEAN BEAUTY〟。肌を美しく魅せることだけでなく健やかに整えることにこだわり、品質に妥協せず、不要なケミカル成分を排除。誠実さも追求し、各種テストによる品質確認を欠かしません。本質を見極める力──〝The Power of Good〟というブランドの信念が、このファンデーションに詰まっています。

> Only 5 minerals

**使われているのは
たった5つのミネラル**

これが「オリジナル ファンデーション」に使用されている5つのミネラル成分のもととなる鉱石！　左から時計回りに、紫外線を防ぐ「酸化チタン」、肌を守りなめらかに整える「酸化亜鉛」、ツヤを出す「マイカ」、色を与える「酸化鉄」、クリーミーな質感とカバー力のもと「オキシ塩化ビスマス」。

Origin of a name	ミネラルだけで作られたファンデーションのパイオニアとしての誇りを、ブランド名に込めて。
Category	☐ ナチュラル／自然派コスメ ☑ ミネラルコスメ ☐ オーガニックコスメ
Remove makeup	☐ 全製品が石けんオフ ☐ 一部の製品のみクレンジング必要 ☑ 一部の製品のみ石けんオフ
URL	www.bareminerals.jp

ミネラルメイクは
この１品から始まった

「良いものだけをふんだんに使い、余計なものはいらない」という信念で、まるでスキンケアのように肌を守って美しく魅せるファンデーション。肌の上でパウダーがクリーミーに変化し、しっとりなじみます。

左：オリジナル ファンデーション SPF15・PA++ 全12色 8g ¥3800
右：ファンデーションを含みやすく肌になじませやすい。ビューティフル フィニッシュ ブラシ ¥4200　手前：細かい部分に。ブラーリング バッファー ブラシ ¥3500／すべてベアミネラル

> ### Sekken-off items

このアイテムも
石けんオフ対応

ツヤを抑えたサラサラ質感のミネラルファンデーションもあり。マット ファンデーション SPF15・PA+++ 全12色 6g ¥4000／ベアミネラル

色がつかないフィニッシングパウダー。くずれ防止が２色、UVカット、保湿が各１色そろう。ミネラルベール 全3種 9g ¥3500／ベアミネラル

まだまだある、石けんオフコスメブランド

10 amritara
【 アムリターラ 】

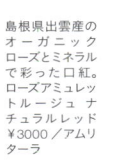

健康と美しさを目指す
国産オーガニックコスメ

北九州の自社農園で自然栽培したハーブを始め、厳選したオーガニック&野生の植物の力で肌の健やかさを保つ国産オーガニックコスメブランド。安心を追求する方に。

島根県出雲産のオーガニックローズとミネラルで彩った口紅。ローズアミュレットルージュ ナチュラルレッド ¥3000 ／アムリターラ

Category	☑ オーガニックコスメ
Remove makeup	☑ 一部の製品が石けんオフ
URL	www.amritara.com

13 alima PURE
【 アリマピュア 】

カラーバリエ豊富な
ミネラルメイク

2004年のアメリカで、自分の子どもに安全な化粧品を使わせたいと考えた創始者がミネラル100%のメイクコスメを開発。厳選されたソフトなミネラルを使用し、カラーが豊富。

"ウルトラピュアミネラル"と植物成分を配合し、しっとり色づく。アリマピュア ブレスドアイシャドウ MYTH ¥3300 ／アリエルトレーディング

Category	☑ ナチュラル/自然派コスメ ☑ ミネラルコスメ
Remove makeup	☑ 一部の製品はクレンジング必要
URL	www.arieltrading.co.jp/brand/alimapure

11 Couleur Caramel
【 クルールキャラメル 】

フランス発の
オーガニックメイク

「エコサート」「コスメビオ」「カリテフランセ」という3つのオーガニック認証を取得するフランスのブランド。カラーバリエーションを楽しめるメイクアイテムが豊富。

全50色以上という圧巻の色揃えを誇るパウダーアイシャドウ。紙容器がかわいい。アイシャドワ 41 パールモーブ ¥1900 ／クルールキャラメル

Category	☑ オーガニックコスメ
Remove makeup	☑ 全製品が石けんオフ
URL	www.mobicosme.jp

14 Koh Gen Do
【 江原道／コウゲンドウ 】

女優の肌に負担をかけない
スキンケア&メイク

1986年、肌あれに悩む一人の女優が楽屋に置く基礎化粧品を開発したことが始まり。カラーアイテムはミネラルを多く使用し、肌に負担をかけず石けんで落とせるものが多い。

発色のいいチークやアイシャドウ、パウダー類が石けんオフ。マイファンスィー ミネラル チーク パレット 01 ピンク ¥4000 ／Koh Gen Do

Category	☑ ナチュラル/自然派コスメ ☑ ミネラルコスメ
Remove makeup	☑ 一部の製品が石けんオフ
URL	www.kohgendo.com

12 NEAL'S YARD REMEDIES
【 ニールズヤード レメディーズ 】

オーガニック植物の
力で健やかな美しさを

英国・ロンドンでナチュラルアポセカリー（薬局）として誕生。精油を使ったスキンケアやボディケア、インナーケアなどが揃う。ミネラルベースメイクや UV ケアも人気。

ミネラルパウダーにオーガニック植物オイルとエキスを配合。全3色 8g ¥3600 ／ニールズヤード レメディーズ

Category	☑ オーガニックコスメ
Remove makeup	☑ 一部の製品が石けんオフ
URL	www.nealsyard.co.jp

15 24h cosme
【 ニジュウヨンエイチコスメ 】

24 時間落とさなくても
OK なほど肌に優しい

つけている方が肌にいい、スキンケア成分豊富なメイクアイテムがリーズナブルな価格で揃うブランド。ベースもカラーも品数が豊富で、プロのヘア&メイクにも人気が高い。

コンシーラーとしてもファンデーションとしても使える。24 ミネラルスティックファンデ SPF50+・PA++++ 全3色 7g ¥1800 ／24h cosme

Category	☑ ナチュラル/自然派コスメ
Remove makeup	☑ 全製品が石けんオフ
URL	www.24h-cosme.jp

and more

16　HANA ORGANIC
【 ハナオーガニック 】

体の内外から
トータルに美しく

「本当の美しさに還るための
ホリスティックケア」をコン
セプトとし、体の内外のケア
を目指すブランド。スキンケ
ア、全身ケアのほか、ツヤ肌
に仕上がるメイクアイテムも。

内側からにじみ出るような血
色感を演出するマルチカラー
クリーム。HANA ORGANIC
ウェアルーカラーヴェール
¥3500／えそらフォレスト

Category	☑ オーガニックコスメ
Remove makeup	☑ 全製品が石けんオフ
URL	www.hana-organic.jp

19　babu- beuté
【 バブーボーテ 】

敏感肌でも楽しめる
ナチュラルなメイク

自身も敏感肌であるというヘ
ア＆メイクアップアーティス
トの小松和子氏が開発を手
がける。ベースメイクと、自
然な血色や陰影を演出でき
るカラーアイテムが揃う。

ラメを配合してうるんだよう
な輝きを引き出し、目元を華
やかに。バブーボーテ ラス
ターアイ 03 ¥3200／ナチュ
ラルハーティーマーケット

Category	☑ ナチュラル / 自然派コスメ
Remove makeup	☑ 全製品が石けんオフ
URL	babu-beaute.com/

17　Beautiful Skin
【 ビューティフルスキン 】

医療機関で販売される
ミネラルコスメ

「メイクをしたいのにできな
い」と、肌トラブルで悩む多
くの女性に、皮膚科医が渡
していたパウダーがブランド
の原点。ミネラルメイクとス
キンケア、UV ケアが揃う。

ミネラルだけで多彩な色揃
え。チークにもアイメイクに
も使える。ミネラルブラッシュ
ローズ ¥2500／ビューティフ
ルスキン

Category	☑ ミネラルコスメ
Remove makeup	☑ 全製品が石けんオフ
URL	www.beautifulskin.jp

20　MINERAL FUSION
【 ミネラルフュージョン 】

なめらかに肌へ溶け
込むミネラルコスメ

2009 年にアメリカで誕生。
メイク、スキンケア、ボディ
ケアからヘアケアまで豊富な
アイテムを全米で展開してい
る。ミネラルを細かく粉砕し、
肌なじみの良さが魅力。

爽やかなバニラ
の香り。ミネラ
ルフュージョン
シアーモイスチ
ャーリップティン
ト SMOLDER
¥1300／インタ
ーナショナルコ
スメティックス

Category	☑ ナチュラル / 自然派コスメ ☑ ミネラルコスメ
Remove makeup	☑ 全製品が石けんオフ
URL	www.mf-ec.net

18　m.m.m
【 ムー 】

肌への優しさも
おしゃれ感も欲張りに

自然由来の成分をふんだん
に使った優しさはもちろん、
おしゃれなカラーやパッケー
ジも人気のブランド。海外で
も活躍するメイクアップアー
ティスト・MINA 氏が監修。

肌の赤みを補整し、透明感を引
き出すカラー下地。他に肌悩
みに合わせた4色が揃う。m.
m.m カラーチューナー GR 15
mL ¥2900／コスメキッチン

Category	☑ ナチュラル / 自然派コスメ
Remove makeup	☑ 全製品が石けんオフ
URL	www.mmmcosmetics.jp

21　LOGONA
【 ロゴナ 】

ドイツの伝統ある
オーガニックコスメ

1970 年代のドイツで生まれた
オーガニックコスメブランド。
自社の研究室や工場をもち、
安全性の高い製品を開発し
ている。スキンケアやヘアケ
ア、メイクとトータルで揃う。

見たままに発色するアイシャ
ドウ。植物エキス配合でしっ
とりなじむ。アイシャドー〈
トリオ〉03 ローズウッド
¥3000／ロゴナジャパン

Category	☑ オーガニックコスメ
Remove makeup	☑ 全製品が石けんオフ
URL	www.logona.jp

さっぱり気持ちよく、
石けんでメイクオフ

「毛穴に汚れが残っているかも」「アイメイクが落としきれない」「洗顔料ではダメですか？」……。石けんでメイクを落とすことについて、不安や疑問を抱えている方がたくさんいるようです。メイクをさっぱり気持ちよく落とす方法から、おすすめ石けんリスト、落ち切らない場合の対応まで、美容エディターの大塚真里が提案します。

石けんオフ
メイク研究会
会員 No. 6
大塚真里

プロフィールは P.61 を参照

なぜ「石けんでメイクオフ」がいいの？

石けんの界面活性剤は
肌に負担をかけにくいから

メイクの油分や皮脂を落とすために、界面活性剤は必要な成分です。石けんももちろん、界面活性剤を含んでいます。ただ、種類がクレンジング料のものとは異なります。石けんの界面活性剤は天然の油脂由来のもので、水に触れるとその活性が失われます。多くのクレンジング料に含まれる合成界面活性剤とは異なる、肌にも地球にも優しい成分なのです。

アルカリ性で
洗浄力が高いものが多いから

石けんは、天然の油脂にアルカリ性の苛性ソーダや苛性カリを加えて反応させたもの。そのため多くの石けんはアルカリ性で、アルカリの洗浄力と界面活性剤の力がバランスよく発揮され、汚れ落ちがいいのに肌への負担が少ないのです。洗顔フォームの多くは中性か弱酸性なので、汚れを落とす力が弱いか、界面活性剤の配合が多い可能性があります。

メイクを残さず落とす洗い方

まずはしっかり泡立てる

STEP 1

ぬるま湯で顔と手と石けんをぬらす。石けんを手の中で何度も転がして表面を溶かし、適量をとる。

STEP 2

ぬるま湯を少量加えて手をこすり合わせ、泡が増えたら利き手の指先を立てて空気を含ませるように泡立てる。

STEP 3

ぬるま湯を少量ずつ足しながらきめ細かい泡を作る。泡が増えるとその表面積に汚れが吸着され、落ちやすくなる。

STEP 4

両手に軽くこんもりとする量の泡ができたら完成。泡立てが苦手な場合は、泡立てネットを使ってもOK。

もっちり泡
完成！

泡で１か所ずつ丁寧に洗う

STEP 5

まずは面積が広く、ファンデーションをしっかり塗っている両頬に泡をのせる。泡でマッサージするように洗って。

STEP 6

そのまま唇にも泡をなじませてリップメイクをオフ。指の腹で丁寧にマッサージして、縦ジワの中まで洗う。

STEP 7

続けて眉と目元を洗う。眉を指の腹で洗った後、目をしっかり閉じて、目の際まで泡をなじませるようにして洗う。

STEP 8

顔全体を洗い終わったら、泡がなくなるまでぬるま湯で何度もすすぐ。フェイスラインの泡残りに注意して。

洗い上がりに肌をチェック。こんなときは…

「毛穴の中に メイクが残ってる」

リキッドやバームタイプのファンデーションを使うと、Tゾーンや頬など毛穴が大きい部分に残りやすくなります。泡をすすぐ前に30秒〜1分程度おいてパックすると、落ちやすくなります。

「肌が乾燥して つっぱる」

石けんの洗浄力と肌の潤い保持力のバランスが悪いのかもしれません。P.126〜130のカタログを参考に、「しっとりすべすべタイプ」「しっとりなめらかタイプ」の石けんを選んでみて。

「アイメイクが 落ちていない」

洗顔の手順を変え、まず泡を目元によくなじませてから顔全体を洗い、最後に再び目元を洗ってみて。それでも落ちない場合は、洗顔前にポイントメイクリムーバー（P.131）を使っても。

「ちゃんと落ちたか よくわからない」

鏡で肌を至近距離で観察し、きめや毛穴の中、まつげの根元などにメイクが残っていなければ、落ちています。残っている場合は、泡で洗う際に指使いを細かく丁寧にするか、石けんを洗浄力の高いものに替えて。

洗い上がりのタイプ別 おすすめ石けんカタログ

石けんで落ちるメイクも肌の汚れもしっかり
オフし、洗い上がりがつっぱらない
研究会おすすめの石けんをご紹介します。

TYPE解説

さっぱりつるつるタイプ
油分がよく落ちて
さっぱりした洗い上がり

しっとりなめらかタイプ
油分を落とし過ぎず
なめらかな洗い上がり

さっぱりすべすべタイプ
油分が適度に落ちて
さっぱりした洗い上がり

ユニーク形状 / 液体タイプ
液状石けん
（洗い上がりは製品ごとに記載）

しっとりすべすべタイプ
油分を落とし過ぎず
つっぱらない洗い上がり

ユニーク形状 / クリームタイプ
クリーム状石けん
（洗い上がりは製品ごとに記載）

さっぱりつるつるタイプ

RECOMMEND SOAP **02**

AdryS
【 アドライズ 】

taisho-beauty.jp/shop/brand/AdryS

アドライズ アクティブ
ソープ 80g ¥1000
（泡立てネット付き）
／大正製薬

角質ケア効果で後に使う
お手入れがなじむ肌に

製薬会社としての知見をいかした、乾燥肌のため
のブランドの洗顔石けん。肌を弱アルカリでさっ
ぱり洗い上げ、肌に潤い成分を届きやすくする処
方。ふわふわできめの細かい泡が立ち、アミノ酸
系の洗浄成分が肌に潤いをキープします。肌のゴ
ワつきや毛穴詰まりが気になる人にもおすすめ。

さっぱりつるつるタイプ

RECOMMEND SOAP **01**

ETVOS
【 エトヴォス 】

etvos.com

クリアソープバー
80g ¥2000
／エトヴォス

ふわふわの濃密泡で
毛穴汚れもすっきりオフ

不要な汚れや角質をやさしくオフ。〝クリアな透明
肌〟に着目したスキンケア発想の石けんです。3種
類のヒト型セラミドやヒアルロン酸の2倍の保湿
力をもつ保湿成分などを含み、90日間熟成して凝
縮。濃密泡が毛穴の奥の汚れまですっきり取り去
りながら、肌を乾燥から守ります。

さっぱりつるつるタイプ

RECOMMEND SOAP **03**

reMio
【 レミオ 】

remio.jp

アルガン クレイ 石鹸
100g ¥1600
／レミオ・ジャパン

上質なアルガンオイルと
ガスールが、心地よく洗う

世界各地へ赴いて上質なオーガニック原料を厳選
し、日本で製造を行うスキンケアブランドが、〝コー
ルドプロセス製法〟で丁寧に作った石けんです。ミ
ネラル豊富なモロッコ産ガスール（クレイ）が汚れ
を吸着、アルガンオイルが洗い上がりの肌をふっ
くらと。顔も体もさっぱりと洗えます。

さっぱりすべすべタイプ

RECOMMEND SOAP
04

SEKKISEI
【 雪肌精 】

www.kose.co.jp/sekkisei/

雪肌精
化粧水仕立て 石けん
100g ¥2000
／コーセー

透明感のある肌に洗い上げる
化粧水仕立ての美容石けん

和漢植物エキスを配合した化粧水の潤いを、植物由来の石けんに閉じ込めた枠練り石けん。〝ホイップ＆モイスト製法〟により、きめ細かくクリーミーな泡が素早く簡単に作れます。古い角質や不要な皮脂を絡めとり、洗い上がりの肌はすべすべ。次に使う化粧水のなじみがよくなります。

さっぱりすべすべタイプ

RECOMMEND SOAP
06

Dr.K
【 ドクターケイ 】

www.doctork.jp

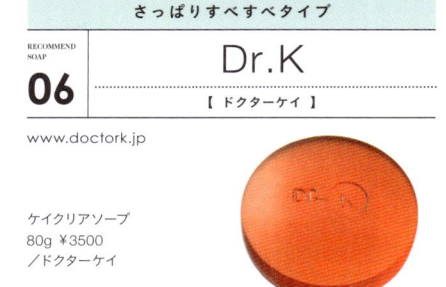

ケイクリアソープ
80g ¥3500
／ドクターケイ

毛穴に詰まったメイク汚れも
しっかりキャッチしてオフ

毛穴ケアで人気のドクターズコスメブランドが作った、メイク落とし洗顔石けん。鮮やかなオレンジ色のもととなっているビタミンB12のほか、各種ビタミンを組み合わせた「カクテルビタミン」、植物由来の美容成分を配合。通常のメイクも落とせる洗浄力ながら、肌はつっぱりません。

さっぱりすべすべタイプ

RECOMMEND SOAP
05

SABON
【 サボン 】

www.sabon.co.jp

マッドソープ
100g ¥900
／ SABON Japan

死海の泥が汚れを取り去り、
つややか肌に

イスラエルでハンドメイドソープの量り売りからスタートしたSABONが、創業以来変わらない製法で作っている、オリーブオイルベースの人気石けん。ミネラルが豊富に含まれた死海の泥が余分な皮脂を吸着して取り去り、洗い上がりは潤いのヴェールで包まれたよう。顔も体も洗えます。

さっぱりすべすべタイプ

RECOMMEND SOAP
07

SokaMocka
【 草花木果 】

www.sokamocka.com

草花木果
洗顔石けん
100g ¥1200
／キナリ

疲れた心をほっと癒やす
ゆずの香り広がる石けん

毛穴汚れや不要な角質をすっきりオフする枠練り石けん。ゆずセラミドとコメ胚芽油を組み合わせた独自成分・フィトCMCと桜葉エキスを配合し、肌のバリア機能が低下するのを防止。高知県産ゆずを基調とした天然香料100%の香りが、疲れた心を癒やすのにもひと役買います。

RECOMMEND SOAP 08

MiMC
【 エムアイエムシー 】

www.mimc.co.jp

オメガフレッシュ
モイストソープ
フレッシュローズウッド
100g ¥2800／MiMC

上質なオーガニック原料を
コールドプロセスで熟成

熱を加えずじっくり長期熟成するコールドプロセス製法により、植物原料をピュアなまま閉じ込めた石けん。必須脂肪酸（オメガ3、オメガ6）が豊富なインカインチオイルが肌を潤し、カカオバターの泡が潤いのバリアで洗い上がりの乾燥を防ぎます。なめらかな洗い上がりを楽しんで。

RECOMMEND SOAP 10

HABA
【 ハーバー研究所 】

www.haba.co.jp

スクワフェイシャル
ソープ
100g ¥1000
／ハーバー研究所

スクワランを贅沢に配合。
やわらかモチモチ肌に

潤いを閉じ込め、紫外線ダメージや乾燥から肌を保護してくれる保湿成分「スクワラン」を配合した石けん。ローヤルゼリーエキスやダイズ種子エキスも配合し、しっとり肌に導きます。35年にわたりスキンケアと向き合ってきたブランドならではの、カサつかない絶妙な洗い上がり。

RECOMMEND SOAP 09

Koh Gen Do
【 江原道 】

www.kohgendo.com

オリエンタルプランツ
五能石鹸
100g ¥3800
／Koh Gen Do

エステサロンの施術でも
使われる、パックみたいな泡

ブランドの目指す5つの肌力＝やわらかさ・なめらかさ・ツヤ・引き締め・ハリのために、36種の東洋植物エキスをコールドプロセス製法で閉じ込めた石けん。天然ノバラ油のやさしい香りのする濃密な弾力泡を肌にのせると、まるで保湿パックをしているような心地よさ。洗顔後は肌しっとり。

RECOMMEND SOAP 11

Mediplus
【 メディプラス 】

brand.mediplus-orders.jp

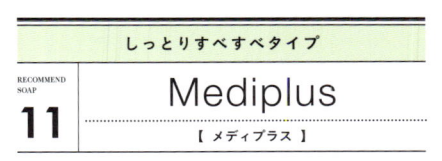

オイルクリーム
ソープ
60g ¥2300
／メディプラス

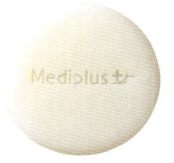

美容オイル仕立てだから
洗顔後の肌が乾かない

いつまでも肌を乾かさない「湿潤美容」を目指すスキンケアブランドが、洗顔時の肌摩擦と乾燥を限りなく抑えることにこだわった石けん。独自の〝オイル練り込み〟製法により、植物オイルを数回に分けて練り込んでいます。きめの細かいクリームのような泡が立ち、やさしく汚れを取り去ります。

しっとりなめらかタイプ

RECOMMEND
SOAP

12 OSAJI
【 オサジ 】

osaji.net

オサジ
ローソープ
100g ¥1600
／日東電化工業

潤い成分を丸ごと残した
半練り状のやわらか石けん

固形石けんを作る際、副産物として取り除かれる
こともあるグリセリンを「保湿成分だから」と残し
たまま"半熟"状態で瓶詰めした変わり種です。石
けん特有のさっぱり感と、独特のしっとり感を両
立。2層式になっており、上層には竹炭が練り込
まれ、よりさっぱりした洗い心地。

ユニーク形状 / 液体タイプ

RECOMMEND
SOAP

14 THE PERFECT ANCHOR
【 ザ・パーフェクトアンカー 】

theperfectanchor.jp

ザ・パーフェクトアンカー
#31 ブラックスプルースブレンド
236mL ¥1000 ／サハラ・
インターナショナルグループ

エッセンシャルオイルが
爽やかに香る液体ソープ

100％天然成分で、厳しいオーガニック認定も取
得しているアメリカ製の液体石けん。日本人の肌
に合わせてアレンジを施し、顔も体もつっぱらず
に洗えます。アラスカなどに生育する常緑針葉樹
クロトウヒが爽やかに香るブラックブルースブレ
ンドはじめ、全8種のラインアップ（無香性もあり）。

しっとりなめらかタイプ

RECOMMEND
SOAP

13 CLAYD
【 クレイド 】

www.clayd.jp

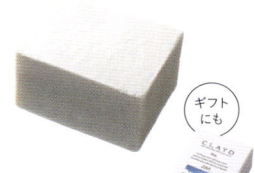

ギフト
にも

クレイド ソープ
ダマスクローズ
195g ¥3650 ／マザー
アース・ソリューション

ピュアな自然素材だけを使用。
釜焚き枠練り石けん

アメリカ西海岸の砂漠地帯の地下深くから採掘さ
れたミネラル豊富なクレイが、毛穴汚れや古い角
質をやさしくオフ。1個につき無農薬のダマスク
ローズ約120本分の精油を使用するなど、自然素
材だけで作られた贅沢な石けんです。キレート剤
不使用にもこだわりが。写真つきのボックス入り。

ユニーク形状 / 液体タイプ

RECOMMEND
SOAP

15 DR.BRONNER'S
【 ドクターブロナー 】

www.drbronner.jp

ドクターブロナー
マジックソープ ベビー
マイルド 237mL ¥1200
／ネイチャーズウェイ

オーガニック先進国アメリカで
70年以上愛され続ける逸品

オーガニック原材料をフェアトレードで調達する
など、一歩先行く取り組みと高い品質が支持され、
2000年から19年連続で全米売り上げNo.1のナ
チュラルソープに。顔、体だけでなく食器や子ども
のおもちゃ、衣類の部分汚れの洗浄にも使える。無
香料の「ベビーマイルド」は赤ちゃんから使えます。

RECOMMEND SOAP

16 SKINCARE FACTORY
【 スキンケアファクトリー 】

www.skincare-factory.com

ザスキンケア フォーム
155mL ¥3000
／スキンケア
ファクトリー

ポンプを押すだけで良質の泡。
忙しい日も時短洗顔が叶う

泡で出てくるタイプの液体石けんに使われがちな、合成界面活性剤を排除。〝100％純石けん〟で作ることにこだわり、高純度の脂肪酸を独自に調合した、やさしい石けん素地を実現しました。そこにヒアルロン酸やリピジュアなど美容保湿成分が加わり、洗浄力と優しさを両立しています。

RECOMMEND SOAP

18 VINTORTÉ
【 ヴァントルテ 】

www.vintorte.com

ボタニカルモイスト
ウォッシュ
120g ¥2800
／ヴァントルテ

美容皮膚科医が監修。大人の
敏感肌をやさしく洗う洗顔料

京都産かいこまゆエキス配合の泡は、驚くほどやわらかくなめらかな肌触り。ヒト型セラミドや植物幹細胞エキスを配合し、潤いを守りながら透明感あふれる肌に洗い上げます。敏感肌でも使える優しさ。「ヴァントルテ」のメイクコスメ（P.98〜103）は、すべてこれ1本でオフが可能です。

RECOMMEND SOAP

17 ONLY MINERALS
【 オンリーミネラル 】

www.onlyminerals.jp

オンリーミネラル
エクストラ
フォーミングソープ
100g ¥3000／ヤーマン

死海の泥を配合。
保湿しながらすっきり落とす

枯れて乾燥したように見える葉っぱが、雨が降ると数時間で緑色に……。アフリカの砂漠に生育する「復活の木」に含まれる保湿成分を配合したクリーム状石けん。ミネラル豊富な死海の泥が毛穴汚れを吸着し、さまざまな高保湿成分が乾燥を防ぎます。洗いあがりの肌はすべすべ。

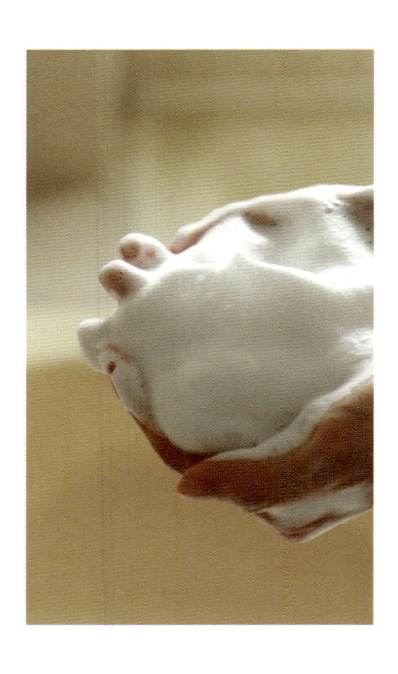

【　CLEANSING　】

クレンジングをする日は、こんなことに気をつけて

毎日、すべてのアイテムを石けんオフメイクにしない方も、
当然いると思います。クレンジングを使うときも、アイテム選びや
使い方を少し意識するだけで、肌負担を最小限にすることができます。

POINT 1 ポイントメイクだけなら、
リムーバーでオフ

石けんオフできないアイテムを部分的に使ったな
ら、洗顔前にポイントメイクリムーバーで落とし
ましょう。コットンにたっぷり含ませ、まぶたに
のせて30秒程度おいてから拭き取ります。

敏感な目元に優しい成分を配合したものを選んで。A 肌あれを防ぐトウキ
ンセンカの花エキスを配合。ナチュラグラッセ ポイント メイクアップ リムー
バー 100mL ¥2300／ネイチャーズウェイ　B 良質なオリーブスクワラン
でメイクを浮かせる。フラワーブーケ アイメークアップ リムーバー 100mL
¥2800／メルヴィータジャポン　C 涙に近い中性タイプでしみにくい。スー
パー ポイントメイクアップ リムーバー 250mL ¥960／コーセー

POINT 2 ファンデーションを落とすなら、
ダブル洗顔不要のクレンジング料で

洗う回数が増えると、それだけ界面活性剤に触
れる時間が増え、バリア機能が乱れやすくなり
ます。良質な界面活性剤を使い、かつダブル洗
顔不要なクレンジング料で1回洗いがおすすめ。

ダブル洗顔不要のクレンジング料。D 肌を乾燥させにくい植物性の洗浄成分
を使用。ケイカクテルV クレンジングジェルクリーム 150g ¥3500／ドクター
ケイ　E 独自のボタニカルウォーターをベースにした、しっとりミルクタイプ。
ボタニカルモイストクレンジングミルク 150g ¥3300／ヴァントルテ　F 吸着
力と乳化作用があるクレイにより、石けんより優しい洗浄力を実現。クレイド
クレンジング ミルク 120mL ¥3600／マザーアース・ソリューション

COLUMN

2

スキンケアは
「朝しっかり・夜シンプル」が美肌のコツ

落ちにくいメイク＆しっかりクレンジングという悪循環をやめ「石けんオフメイク」に切り替えると、肌は少しずつバリア機能を取り戻し、乾燥しにくくなります。10〜20代の肌であれば、化粧水で保湿し、乾燥しやすい部分に薄くバームやクリームを重ねる程度のミニマムケアで充分です。30歳を過ぎて肌にエイジングのきざしが現れたら、美容液もプラスし、クリームやバームは顔全体に塗りましょう。

どの世代にも共通して言えるのは、日中の外敵から肌を守るべく、朝のお手入れをしっかりすべきということ。逆に夜は守られた室内で寝るだけなので、洗顔で失われた潤いを補う程度で充分です。

石けんオフ メイク研究会 会員 Nc.	6	
大塚真里		

プロフィールは P.61 を参照

Face wash @ morning

朝 洗 顔

—

**夜と同じ石けんでさっと洗う、または
拭き取り化粧水で古い角質をオフ**

夜の石けん洗顔でメイクと汚れを落としても、睡眠中にまた皮脂が分泌されます。その皮脂と、肌表面の古い角質が自然に剝がれるのを助けるべく、朝も石けんで軽く洗いましょう。皮脂がほとんど出ないという方は、拭き取り化粧水やさっぱり化粧水をコットンにたっぷり含ませて、拭き取るだけでも OK。

アルバローズの花びらから蒸留された、さっぱりしたローズウォーター。オーガニック ア ルバローズ ウォーター 150mL ￥2500 ／レミオ・ジャパン

古い角質を優しく拭き取り、潤いを与えてふっくら整える。雪肌精 クリア トリートメント エッセンス 140mL ￥2300（編集部調べ）／コーセー

朝の拭き取り洗顔と化粧水がこれ 1 本に。ふわふわのコットン 50 枚つき。草花木果 洗い流し不要の洗顔うるおい水 150mL ￥1500 ／キナリ

保湿ケア

—

**化粧水の後、乾燥しやすい部分を中心に
クリームかバームを。朝はたっぷりつけて**

洗顔後はすぐに保湿化粧水をたっぷりつけて、洗顔で流れてしまった潤いをチャージ。その後、クリームかバームをつけて、肌の乾燥を防ぎます。朝は日中の環境から肌を守るためにたっぷりと。夜は少量を手のひらに広げて包み込むようにしながら薄くなじませ、肌本来の力を引き出しましょう。

左：薬用の保湿成分と美白成分を配合。アドライズ ローション t［医薬部外品］120mL ¥3300／大正製薬　右：5種の植物発酵エキスでしっとり肌に。ビューティービオファイター プリンセスケア 125mL ¥5000／MiMC

左：植物エキスと上質な植物オイルが肌を柔らかく。オリエンタルプランツ 五能クリーム 40g ¥8200／Koh Gen Do　右：保湿＆エイジングケア成分を惜しみなく配合。ザ スキンケア クリーム 31g ¥10000／スキンケアファクトリー

濃密なコクで肌を包み込むバーム。植物エキスや精油が肌を引き締める。チャントアチャーム バリアバーム 20g ¥3500／ネイチャーズウェイ

Aging care

エ イ ジ ン グ ケ ア

—

**エイジングの兆しを感じたら、抗酸化成分
入りのエイジングケア美容液をプラスして**

紫外線などによるダメージは、肌に少しずつ蓄積するそうです。なんとなく肌にハリがなくなってきたかも……と感じたら、植物のエキスやビタミンなどの抗酸化成分を配合したエイジングケア美容液をお手入れにプラスしましょう。シンプルケア派なら1日1回、朝の化粧水後に取り入れるだけでも。

長命草という植物のパワーが詰まった、みずみずしい美容液。スキンロンジェヴィティ VP インフュージョン 50mL ¥7000 ／ベアミネラル

アルガンやリンゴなどの植物幹細胞などを贅沢に配合した、リッチな感触。ボタニカル モイスト セラム 30mL ¥4800 ／ヴァントルテ

ブルガリアンローズ 2000 輪分のローズオイル配合。アルテヤ オーガニック ブルガリアンローズ セラム 20mL ¥5400 ／サハラ・インターナショナルグループ

高濃度のビタミンC誘導体や天然由来のミネラルを配合し、大人の肌にハリを。薬用ホワイトレディ［医薬部外品］30mL ¥3600 ／ハーバー研究所

UV ケア

—

**美肌を守るマストアイテム。石けんで
落ちるものを選び、日中も重ねて**

朝のお手入れの仕上げに必ず使ってほしいのが、日焼け止めです。肌の老化の7〜8割は紫外線が原因と言われます。最近の日焼け止めは汚れた空気や乾燥からも守ってくれるので、「石けんオフメイク」で引き出した肌本来の機能も輝きます。日中はメイクの上からパウダータイプを重ねて。

明るくきめ細かい肌に整え、UVカットも。オンリーミネラル マーブルフェイスパウダー シマー 01 SPF50+・PA++++ 全2種 10g ¥4500／ヤーマン

植物由来のスキンケア成分を贅沢に配合した、みずみずしく軽やかなジェルタイプ。UVカット 30 SPF30・PA++ 30g ¥2400／ハーバー研究所

美白有効成分を配合し、UVカットしながら美白ケアも。ミネラル UV ホワイトセラム[医薬部外品] SPF35・PA+++ 30g ¥3500／エトヴォス

天然由来成分にこだわるブランドの、軽やかな日焼け止め。オサジ LV プロテクト ローション SPF28・PA+++ 30mL ¥2000／日東電化工業

Peeling care

角質ケア

—

**古い角質を落として、毛穴詰まりを防止。
代謝も上がり、バリア機能の高い肌へ**

「今よりもっと美肌になりたい」と願う方には、週に1〜2回、肌表面の古い角質を落とすケアを取り入れることをお勧めします。不要なものがとれることで毛穴が詰まりにくくなり、肌の新陳代謝が促され、バリア機能の高い角層が作られます。酵素洗顔やジェル、クレイなど、さまざまなタイプがあります。

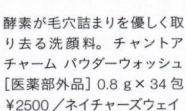

酵素が毛穴詰まりを優しく取り去る洗顔料。チャントアチャーム パウダーウォッシュ [医薬部外品] 0.8 g×34包 ¥2500／ネイチャーズウェイ

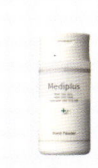

酵素ととろみのある「がごめ昆布」のエキスが、肌表面を柔らかくなめらかに洗い上げる。ウォッシュパウダー 60g ¥3000／メディプラス

3つの酸を配合したみずみずしい角質ケアジェル。肌に塗り、2〜3分おいてからよくすすぐ。スキンピールジェル 100g ¥2800／エトヴォス

死海の泥を配合したクレイパック。肌に塗り、10分おいてからすぐつるつる肌に。フェイスマスク マッド 200mL ¥4440／SABON Japan ※2019年9/30までは¥4445です

EPILOGUE

　始まりは 2018 年 4 月、1 枚の企画書からでした。肌に悩みを抱えている方、きれいになれる方法を探している方、ナチュラルコスメに興味がある方、シンプルに暮らしたい方……。そんなたくさんの女性たちに「石けんオフメイク」の魅力を伝えたいという思いで、少しずつプロジェクトは進行し、やっと完成させることができました。

　今はたくさんの情報をインターネッ
トで自由に閲覧し、知識を深めること
ができる時代です。だからこそ正しい
情報や間違った情報が錯綜し、真実の
見極めが難しくなっています。本書で
は、美容に長く携わるメンバーによる
数多くの取材をもとにした、確かな情
報だけをまとめました。いろいろな疑
問が解決する 1 冊となれば幸いです。

2019 年 9 月

石けんオフメイク研究会

CLOTHING
LIST

P.7
ワンピース／マイリ
イヤリング／アデル ビジュー

P26-27, 31
ニット／スタイリスト私物
リング／エテ

P32-33, 37
ネックレス、リング／
ともにドロウ ジュエリー（ドロウ フィーグ）

P38-39, 43
ジャケット／ジャーナル スタンダード レサージュ
（ジャーナル スタンダード レサージュ 青山店）
パンツ／エラント（カージュ ルミネエスト新宿店）
ピアス／ファリス（シティショップ）

P44-45, 49
ガウンとして着たワンピース／ウーアタンクトップ／
ザ ニューハウス（ともに
ジャーナル スタンダード レサージュ 青山店）

P60
【仁村さん】
トップス／アール ジュビリー
（カージュ ルミネエスト新宿店）
スカート／マイリ

P64-65, 71
ワンショルダータンク／エミリー ウィーク
（ベイクルーズ カスタマーサポート）
パンツ／アンスクリア

（ジャーナル スタンダード レサージュ 青山店）
ネックレス／アデル ビジュー
リング／ドロウ ジュエリー（ドロウ フィーグ）

P68-69
ワンピース／マラ ホフマン、
ピアス／リジー フォルトゥナード（ともに
ジャーナル スタンダード レサージュ 青山店）

P75, 81
Tシャツ／ホリデイ

P79, cover
リング／マリハ

P82, 89
シャツ／スタイリスト私物

P86
ジャケット／ステア（リコドット）

P92, 97
トップス／ザ ニューハウス
（ジャーナル スタンダード レサージュ 青山店）
ピアス／マリハ

P93
トップス／スタイリスト私物

P98-99
ワンピース／ヌキテパ（ヌキテパ 青山）
イヤリング、リング／ともにエテ

P105, 108
デニムジャケット／オムニゴッド
（オムニゴッド代官山）
ワンピース、ピアス／ともにマリハ

P110-111
バングル、リング／
ともにドロウ ジュエリー（ドロウ フィーグ）

※ プロップス協力／AWABEES、UTUWA
※ 記載がない衣装はすべてスタイリスト私物です

SHOP
LIST

ベアミネラル 0120-24-2273
マザーアース・ソリューション 03-6447-1204
メディプラス 0120-34-8748
メルヴィータジャポン 03-5210-5723
ヤーマン 0120-776-282
レアナニ 03-5225-0108
RED 03-6455-4050
レミオ・ジャパン 042-810-0861
ロゴナジャパン 03-3288-3122

COSMETICS

アムリターラ 0120-980-092
アリエルトレーディング 0120-201-730
井田ラボラトリーズ 0120-44-1134
インターナショナルコスメティックス 03-5825-7588
ヴァーチェ 0120-047-750
ヴァントルテ 0120-836-400
ウズ バイ フローフシ 0120-963-277
えそらフォレスト（HANA ORGANIC） 0120-052986
エトヴォス 0120-0477-80
MiMC 03-6455-5165
カラーズ 050-2018-2557
キナリ 0120-47-8910
クルールキャラメル 03-5458-8182
Koh Gen Do 0120-700-710
コーセー 0120-526-311
コスメキッチン 03-5774-5565
サハラ・インターナショナルグループ 075-252-1234
SABON Japan 0120-380-688
スキンケアファクトリー 0120-055-033
大正製薬 0120-160-901
ドクターケイ 0120-68-1217
ナチュラルハーティーマーケット 03-6453-9635
ニールズヤード レメディーズ 0120-316-999
24h cosme 0120-24-5524
日東電化工業 0120-933-871
ネイチャーズウェイ（チャントアチャーム） 0120-070153
ネイチャーズウェイ（ドクターブロナー） 0120-677167
ネイチャーズウェイ（ナチュラグラッセ） 0120-060802
ハーバー研究所 0120-16-8080
ビューティフルスキン 0120-310-183
フローフシ 0120-963-277

CLOTHING

アデル ビジュー 03-6457-8858
エテ 0120-10-6616
オムニゴッド代官山 03-5457-3625
カージュ ルミネエスト新宿店 03-5312-7597
シティショップ 03-6696-2332
ジャーナル スタンダード レサージュ 青山店
03-5778-4003
ドロウ フィーグ 03-6868-3337
ヌキテパ 青山 03-6427-9945
ベイクルーズ カスタマーサポート 0120-301-457
ホリデイ 03-6805-1273
マイリ 06-6684-9166
マリハ 03-6459-2829
リコドット 03-5465-2077

MODELS	安達祐実
	仁村紗和

PHOTOGRAPHS	アシザワシュウ (S-14)〈 cover, model, P.6-7, 32-37, 44-81, 105-139 〉
	横山創大〈 model, P.26-31, 38-43, 82-99 〉
	西原秀岳 (TENT)〈 still life 〉
	釜谷洋史〈 cut out 〉
HAIR & MAKEUP	AYA (LA DONNA)〈 cover, model 〉
	秋鹿裕子 (W)〈 for 仁村紗和, P.32-37, 44-49, 50-61 〉
STYLING	原 未来〈 cover, model 〉
	柿原陽子〈 still life 〉
BOOK DESIGN	米持洋介 (case)
EDIT & TEXT	大塚真里
PRODUCE	大塚事務所

肌がきれいになる石けんオフメイク

2019 年 9 月 20 日　第 1 刷発行

著　者	石けんオフメイク研究会
発行者	鳥山 靖
発行所	株式会社 文藝春秋
	〒 102-8008
	東京都千代田区紀尾井町 3-23
	電話 03-3265-1211
印刷・製本	光邦
DTP 制作	エヴリ　シンク

ナチュラルコスメの研究者が、
石けんオフメイクに替えることで
美肌になる仕組みを詳細に解説。

『クレンジングを
　やめたら
　　肌がきれいになった』

北島 寿 著

定価 本体 1400 円＋税　　文藝春秋刊